汉 语 知 识 丛 书

# 惯 用 语

温端政　温朔彬

商務印書館
创于1897 The Commercial Press

**图书在版编目(CIP)数据**

惯用语/温端政,温朔彬著.—北京:商务印书馆,2014(2023.5重印)
(汉语知识丛书)
ISBN 978-7-100-10021-2

Ⅰ.①惯…　Ⅱ.①温…②温…　Ⅲ.①汉语—社会习惯语—研究　Ⅳ.①H136.4

中国版本图书馆CIP数据核字(2013)第121795号



汉语知识丛书
GUÀNYÒNGYǓ
**惯　用　语**
温端政　温朔彬

商　务　印　书　馆　出　版
(北京王府井大街36号　邮政编码100710)
商　务　印　书　馆　发　行
北京虎彩文化传播有限公司印刷
ISBN 978-7-100-10021-2

2014年2月第1版　　开本787×1092　1/32
2023年5月北京第3次印刷　　印张5⅜
定价:35.00元

# 目　　录

# 一、惯用语名称的由来

在汉语语汇家族里，谚语、成语、歇后语的名称都是由来已久，只有惯用语的名称是后起的。1943 年，方绳辉在《国语杂志》3 卷 2 期发表的《成语和成语的运用》一文，把成语分为 22 类，其中第十类叫做“惯语”，如“就事论事”。后来，在吕叔湘、朱德熙合著的《语法修辞讲话》里出现了“习惯语”的名称。该书第五讲讲到“语法不是逻辑”时，列举了“好不热闹”、“除非你去请他，他才肯来”、“他的北京话比我好”、“在我没有来北京以前，我以为一定很冷”等作为例子，加以说明：

> 例如“好不热闹”，按说该是“很不热闹”的意思，但是实际上等于“好热闹”；跟这相反的是“好容易”，它不等于“很容易”，反而等于“很不容易”。又如“除非你去请他，他才肯来”，既然把你请他当作他来的条件，“除非你去请他”表示这个条件不存在，那末底下只能说“他不来”，可是大家都说“他才肯来”。又如“他的北京话比我好”，话怎么能跟人比较呢？应该说“他的北京话比我的好”，才合于逻辑，可是很少人愿意加上这个“的”字。又如“在我没有来北京以前，我以为一定很冷”，既然“没来”，就谈不到“以前”、“以后”。应该说“在我来北京以前”才对，可是多数人愿意加上个“没”字。

吕叔湘和朱德熙两位先生认为这些例子“代表习惯语”，

强调“习惯语是不容许分析的，并且是不容许援例的”。（见中国青年出版社1979年8月版第179—180页）“好不热闹”、“除非你去请他，他才肯来”、“他的北京话比我好”、“在我没有来北京以前，我以为一定很冷”等，都不是语汇单位。跟我们所说的惯用语没有什么关系。

1958年，周祖谟提出了“习用语”这个名称，专指“碰钉子、拉后腿、露马脚、吃不消”等，把它们跟成语区别开来。（见《词汇和词汇学》，《语文学习》1958年11月号）而吕叔湘主编的《现代汉语八百词》，则用“习用语”指“别看、别管、手头不便、万不得已、不尽然、牛马不如、一场空、理所当然、说不定、一而二，二而一”等。

还有，郎峻章在《现代汉语里的惯用语》（《吉林师范大学学报》1963年第1期）一文里，曾用“惯用语”来指称“特别是、首先是、可不是、差不离、什么的、恨不得、为的是、眼见得、大不了、尤其是、来不及、动不动、不得已、说不定、不见得、有的是、要不然”等与语法有关的惯用说法，也跟我们所说的惯用语没有什么关系。

我们所说的惯用语属于语汇单位。

上个世纪50、60年代，随着语言研究的深入，人们发现汉语里存在着许多像“碰钉子”、“炒冷饭”、“打游击”、“一边倒”、“一场空”、“磨洋工”、“钻空子”、“开倒车”、“戴高帽子”等比较特殊的语言单位。它们既有别于谚语又有别于成语，从而引起人们的注意。有人开始用惯用语来指称这类语言单位。

马国凡在《谚语·歇后语·惯用语》（辽宁人民出版社，1961）一书里指出：

> 惯用语本身是一种定型的词组。它的结构是词组，意义却是整体化了的。比如，我们管重复别人已经做过的事叫“炒冷饭”，管奉承人叫“戴高帽子”，“炒冷饭”和“戴高帽子”就都是惯用语。“炒冷饭”和“戴高帽子”从结构上看都是词组。“炒冷饭”是“炒”和“冷饭”的组合，“戴高帽子”是“戴”和“高帽子”的组合。从意义上看，“炒冷饭”的整体意义不同于“炒”和“冷饭”的个体意义，“戴高帽子”的整体意义也不同于“戴”和“高帽子”的整体意义。
>
> 定型的惯用语与一般词组不同：惯用语是字面意义的虚指，一般词组则是实指。

胡裕树主编的《现代汉语》(上海教育出版社，1962)则把惯用语作为“熟语”的一种，和成语、歇后语、谚语、格言等相并列：

> 惯用语是一般人所熟悉和经常使用的固定词组，常常作为完整的意义单位来运用。但是有些可以拆散开来，插进一些别的词语，它们的固定性并不很强。例如“碰钉子”、“打游击”、“咬耳朵”、“一场空”、“磨洋工”、“钻空子”、“开倒车”、“触霉头”、“拆墙脚”等等。它们的结构并不很紧密，如“碰钉子”可以说成“碰了一个大钉子”；“钻空子”可以说成“钻我们的空子”。惯用语有很大的精炼性，多数是表义准确、形象生动的。

从此，惯用语的名称便流传开来。然而，它毕竟是个新的后起的术语，一些有影响的工具书，如《汉语大词典》就没有收“惯用语”条。《现代汉语词典》也是到第5版(商务印书馆，2005，第506页)才收“惯用语”条，而且释文也比较模糊：

> 熟语的一种，常以口语色彩较浓的固定词组表达一

个完整的意思，多用其比喻意义，如“开夜车”、“扯后腿”、“卖关子”等。

《辞海》第5、第6版也受了胡裕树主编的《现代汉语》的影响，把惯用语定义为“熟语的一种”，但释文也同样模糊：

> 熟语的一种。惯常作为完整的意义单位来运用的固定词组。其整体意义不是各组成分个体意义的相加，而是通过比喻等手段造成的一种修辞意义；口语色彩较浓。如：“炒冷饭”，喻指重复已经做过的事；“开倒车”喻指向后倒退。

根据上述释文，很难把惯用语和其他语汇单位，特别是和成语、谚语区别开来。应当说，惯用语这个名称并不十分理想，因为成语、谚语、歇后语等在某种意义上，也具有惯用性，未尝不可叫做“惯用语”，但是，实在想不出一个更好的名称来替代它。大家认为，还是用“惯用语”比较合适，这似乎已经约定俗成，难以更改，也不必更改了。

# 二、惯用语的性质和范围

## 1. 在惯用语性质和范围上的歧见

应当说，在上世纪50、60年代，大家对惯用语的认识还是很模糊的，只认为它是意义“整体化”了的定型词组。经过几十年来的讨论，认识逐步深入，取得了许多成果。至少有三点大家的认识是一致的：

(1) 惯用语和成语、谚语、歇后语一样，属于叙述性的语言单位。

(2) 惯用语和成语、谚语、歇后语一样，在结构上具有相对固定性，属于语汇单位。

(3) 惯用语性质上不同于成语、谚语、歇后语，是一种相对独立的语汇单位。

但对于惯用语的具体性质和范围，认识上至今仍存在着较大分歧。具有代表性的意见有以下几种：

第一种，认为惯用语在结构上以三音节动宾结构为主，在意义上具有双层性。持这种意见的以马国凡为代表。

马国凡和高歌东合著的《惯用语》一书里说：

> 惯用语是一种定型词组，它从意义到结构都是完整的、统一的。惯用语中的构成成分离开了结构的整体就不表示它在惯用语中所表示的意义。

在结构上，惯用语有一定的灵活性，它不像成语那样结构定型性强，但它的结构整体性仍是它存在的不可或缺的条件。

惯用语的整体性在于它的抽象化，也就是虚指。虚指的意义扩大了原词组各构成成分的意义，使惯用语具有更大的使用范围，脱离了一般词组而成为定型词组，有了“语”的特性。这种抽象虚指意义的产生，其基本途径就是比喻。比喻手段使得惯用语获得了超越一般词组的表意能力。

惯用语在语言结构上，音节（字数）都很短，多数是三个音节的动宾结构词组。例如：打埋伏、打游击、戴高帽、捧臭脚、唱双簧、和稀泥、拆烂污、拍马屁。非三字结构的或非动宾结构的数量较三字动宾结构的为少，如：狗扯皮（三字主谓结构）、鬼画符（三字主谓结构）、贱骨头（三字偏正结构）、吃大锅饭（四字动宾结构）、摸老虎屁股（五字动宾结构）。（见内蒙古人民出版社，1982，第2—3页）

对于像“按下葫芦起来瓢”、“干打雷，不下雨”、“雷声大，雨滴小”、“你走你的阳关道，我走我的独木桥”等非三字动宾结构的描述性语言单位，马国凡、武占坤合著的《谚语》一书中，称为修辞谚，说它们属于谚语范畴。（见内蒙古人民出版社，1980，第209—212页）

第二种，认为“惯用语是具有超字面意义的语义功能，三言口语化习用短小的固定词组”。持这种意见的，以王勤为代表。

王勤在《论惯用语》（《语文研究》1982年第1期）一文里说：

惯用语的意义不管从哪个方面看，都不是其构成成分意义的简单相加，而是一个新的整体意义。这个新的整体意义主要是通过比喻和引申两个手段实现的。“放空气”的字面意义是把空气放出去。人们利用这件事作比喻，表示“故意制造某种气氛或散布某种消息”的意思。随着人们的广泛运用，久而久之，“放空气”这个语言单位的两个意义有了分化。前个意义保留自由词组的意义；后个意义便成为含有特定内容的惯用语的意义了。再如，“打游击”本指分散的、出没无常的对敌人进行袭击的一种作战方法。人们用它比作“没有固定的工作或活动”，于是便成为惯用语“打游击”的意义而与原词组区别开来。“敲边鼓”是一种不击鼓面只击鼓边配合性的打鼓法。人们借此比喻从旁帮助人说话或帮人助威，从而成为惯用语“敲边鼓”的意义。

王勤在《汉语熟语论》一书里，通过惯用语与成语、谚语、歇后语等的比较分析，惯用语与三音节合成词不同的鉴别，把惯用语的性质概括为：“惯用语是具有超字面意义的语义功能，三言口语化习用短小的固定词组。”（山东教育出版社，2006，第390页）这样，他就把惯用语仅限于“三字格”。超出三个字的，如“小菜一碟”、“皮笑肉不笑”、“拆东墙补西墙”、“一个萝卜一个坑”、“睁一只眼闭一只眼”、“当一天和尚撞一天钟”、“躲过初一躲不过十五”、“你走你的阳关道，我走我的独木桥”等描述性的语言单位，他主张叫做“狭义俗语”，简称“俗语”。

第三种，也认为惯用语在结构形式上以动宾结构的三字格为主体，但把“阿Q、祝英台、智多星、及时雨”等看成是惯用语。持这种观点的，以王德春为代表。

王德春在《新编惯用语词典·序言》(上海辞书出版社，1996)里认为：

> 惯用语是广泛流行于日常谈话中既有固定格式，又有比较灵活结构的习用词组，它通过比喻等方法而获得修辞意义，具有生动的形象性和特有的表现力。

他认为惯用语有下列主要特点：

1. 在结构形式上以动宾结构的三字格为主体，如"打秋风"、"碰钉子"、"穿小鞋"、"打官腔"、"踢皮球"、"走后门"等等。这种结构的惯用语数量比较大。除此之外，也有不少非动宾结构的三字格，如"半边天"、"臭老九"、"狗咬狗"、"短平快"等；还有一些非三字格的，如"吃闭门羹"、"打抱不平"、"穿一条裤子"等。

2. 结构比较灵活。惯用语既有一定的固定格式，使用时结构上又比较灵活，有时中间可以插入其他成分，有时成分可以倒置或重叠，还有其他结构变体。例如，"唱高调"可说"唱起高调来"、"唱上高调了"、"高调唱得够多了"、"唱唱高调何妨"、"唱了一遍高调"、"唱过高调就算"等等。不过万变不离其宗，"唱高调"的基本格式不变。

3. 绝大部分惯用语都含该词组的修辞转义。如"半边天"的本义是"天空的一部分"，如"彩霞映红半边天"。这时"半边天"是自由词组，不是惯用语。如果用"半边天"喻指"妇女"，甚至特指"妻子"，那就是惯用语了。

4. 绝大部分惯用语具有谈话语体色彩，多用于日常交际之中。例如"妻管严、一窝蜂、磨洋工、揭老底、夹生饭、放空炮、坐冷板凳”等等。

5. 大多数惯用语具有贬义感情色彩，例如“抱大腿、拆烂污、扯后腿、穿连裆裤、打官腔、放暗箭”等等。比较起来，具有褒义色彩的惯用语要少得多。

值得注意的是，王德春主编的这本《新编惯用语词典》收了像“阿Q、阿斗、西施、武松、武大郎、武则天、祝英台、智多星、及时雨”等一批专有名词。

第四种，认为惯用语结构成分固定，在意义上不具有双层性。持这种意见的，以刘叔新为代表。

刘叔新认为：“固定语中，凡充分具有结构成分固定的特点，但是不具表意双层性，其含义体现成类事物的一般概念而非个别事物概念或专门概念的，就是惯用语。”他认为，“凭着表意是否具有双层性和所体现的概念的性质以及结构的形式和固定性程度，就能够而且应当把惯用语同所有其他种类的固定语划分开来”，例如：

| A | B | A | B |
|---|---|---|---|
| 惟命是从 | 马首是瞻 | 虚张声势 | 驴蒙虎皮 |
| 互相依存 | 唇亡齿寒 | 少见多怪 | 蜀犬吠日 |
| 变化无常 | 风云变幻 | 不自量力 | 蚍蜉撼树 |
| 后退两难 | 骑虎难下 | 直截了当 | 开门见山 |

| A | C |
|---|---|
| 装模作样 | 老鸹屁股上插孔雀毛——充洋相 |
| 自视过高 | 癞蛤蟆跳上戥盘——不知自己分量 |
| 不堪一击 | 水豆腐——不经打 |
| 装糊涂 | 水仙花不开——装蒜 |

| A | D |
|---|---|
| 地广人稀 | 柴达木盆地 |
| 富甲天下 | 株洲三角洲 |
| 江山如画 | 三潭印月 |
| 文明古国 | 中华人民共和国 |
| 卷帙浩繁 | 四库全书 |

| A | E |
|---|---|
| 量力而行 | 扩大再生产 |
| 安之若素 | 针刺麻醉 |
| 自给自足 | 光合作用 |
| 在所难免 | 地心引力 |

| A | F | A | F |
|---|---|---|---|
| 痛哭流涕 | 大恸 | 不屑一顾 | 一瞥 |
| 怨天尤人 | 大恚 | 不言自明 | 不消说 |
| 喜不自胜 | 大悦 | 不置可否 | 不一定 |
| 哈哈大笑 | 一笑 | 不胜其烦 | 不堪 |

他认为,A类都是惯用语,B类是成语,C类是歇后语,D类是专名语,E类是专门用用语,F类不十分固定,其中一部分成分明显地可以替换为一系列其他成分。由此,他得出结论:

现代汉语的惯用语,在固定语范围内的区别性特点,不是积极地出现和起作用的,即作为固定语的一种单位不具有为自身所独有的特征;其区别性特点实际上只是消极地出现和起作用,即只是由于不具有其他这种或那种固定语单位所独有的特征而才形成自身的特点。换言之,依据某种独特的性质,在固定语中分别确定出成语、歇后语等B、C、D、E、F五种类别之后，余下不属于这五种类别的单位，便是惯用语。

（见《汉语描写词汇学》（重排本），
商务印书馆，2005，第148—150页）

第五种，认为“惯用语是词的等价物”。持这种意见的，以陈光磊为代表。

他在《中国惯用语》（上海文艺出版社，1991）一书的“前言”中，对惯用语从四个方面进行考察：从结构上看，惯用语具有定型性；从语义上看，惯用语具有变异性；从功能上看，惯用语是词的等价物；从风格上看，惯用语具有口语格调，并呈现出一种诙谐表情的修辞色彩。通过以上考察，他把惯用语的性质归纳为：“惯用语就是具有语义变异特征的一种定型短语（或兼容某些语素组合），其功能相当于一个词而呈现出明显的口语格调和修辞色彩。”

在这里，最值得注意的是，他把惯用语看成是词的等价物。他认为惯用语“总是只能以一个‘词’的身份进入语句”，“惯用语的功用是与词等价的”。他把“某些具有语义变异特性的定型的语素组合”，都看成是惯用语。据此，他认为“吃茶、吃醋、磨牙、揩油、加油、放羊、顶牛、下马、上马、推牌、滑坡、爬灰、归天”等都是惯用语，还认为下列这些“名词性的语素组合”也都是惯用语：

| | | | | |
|---|---|---|---|---|
| 破鞋 | 草包 | 饭桶 | 牛棚 | 千金 |
| 一号门 | 小广播 | 十一路 | 孔方兄 | 草头王 |
| 地头蛇 | 美女蛇 | 大路货 | 孔家店 | 铁公鸡 |
| 小儿科 | 乌纱帽 | 纸老虎 | 保护伞 | |

他认为，“把这种类型的语素组合作为惯用语看来也是可以的，甚至还是合适的”。

第六种，认为惯用语是一种描绘性的熟语，结构灵活多样，音节构成上有多有少，不限于三音节。持这种意见的，以孙维张为代表。

孙维张在《汉语熟语学》一书第五部分“惯用语”里认为：

> 惯用语属于描绘性熟语，它的表义功能相当于复合词或短语。有的描绘一种事物，如：半瓶醋/长舌妇/拦路虎/君子协定/狐狸尾巴/开台锣鼓/陈谷子烂芝麻，相当于一个名词或名词性短语；有的描绘人们的一种行为动作，如：泼冷水/戴高帽儿/捅马蜂窝/动摇军心/钝刀子割肉/风里来雨里去/胡子眉毛一把抓/一竿子插到底/重开锣鼓另开张，相当于一个动词性短语；有的描写一种性质、情景、状况，如：背包袱/挂幌子/勾搭连环/换药不换汤/旧瓶装新酒/冷水抓热馒头/雷声大雨点小/吃人不吐骨头等，相当于一个形容词短语。不管是哪一种，它的表达功能都在于描绘，大都用比喻的方式把事物的形象或性质、状况，把人的动作行为的具体方式形象地表现出来。也不管是哪一类的惯用语，也不管它的结构长与短，它都没有表述性，不能形成完整的判断，在言语表达中，一般不能独立地成为一个句子。

他认为，“汉语惯用语的结构形式的特点不在于是否短小，也更不是什么‘三字’结构”，“少则三字，多则七字、八字不等，甚至有十几个字的”。他所列举的常见惯用语包括：

> 泼冷水/穿小鞋/吹冷风/单打一/倒胃口/掏腰包/挖

墙脚/——三字

吃定心丸/揭不开锅/开台锣鼓/假传圣旨/捅马蜂窝/——四字

八九不离十/得便宜卖乖/脸红脖子粗/好戏在后头/卖狗皮膏药/蚂蚁啃骨头/拍屁股就走/——五字

井水不犯河水/八竿子打不着/丑话说在前头/冷手抓热馒头/驴唇不对马嘴/生米煮成熟饭/——六字

身在曹营心在汉/死马当作活马医/背着抱着一般沉/重打锣鼓另开张/不蒸包子争口气/——七字

半路杀出个程咬金/吃一百个豆不嫌腥/拾到篮子里都是菜/逃不出如来佛手心/——八字

半路杀出个程咬金来/——九字

过了这个村就没这个店了/——十一字

他认为,惯用语中还有一些对偶性的结构形式,有的是"三三"式,有的是"四四"式,有的是"五五"式,如:

陈谷子烂芝麻/风里来雨里去/七大姑八大姨/穿新鞋走老路/当面锣对面鼓/拆东墙补西墙/——六字,三三式结构。

躲了和尚躲不了寺/前不巴村后不着店/七口当家八口主事/一波未平一波又起/——八字,四四式结构。

白刀子进去红刀子出来/公说公有理婆说婆有理/叫天天不应叫地地不灵/——十字,五五式结构。

(见吉林教育出版社,1989,第198—200页)

第七种,认为惯用语在意义上具有整体性,在结构上不受"三字格"限制。持这种意见的,以吕冀平、戴昭铭、张家骅为代表。

他们合写的《惯用语划界和释义问题》(《中国语文》1987 年第 6 期)一文，用下列文字来表述惯用语的内涵和外延：

> 惯用语是具备下列特点的词组——1.构成成员相对稳定，结构形式相对固定；2.词组的整体意义不是每个词的字面意义的相加；3.具有明显的口语色彩；4.具有一定的修辞作用。

他们通过惯用语和词、惯用语和句子、惯用语和自由词组、惯用语和成语、惯用语和古语方言的比较，进一步说明惯用语的性质和范围。

他们认为，有些惯用语辞书所收的“马拉松、乌托邦、木乃伊、门外汉、寄生虫、狗腿子、诸葛亮、智多星、叫花子、顶呱呱、恶作剧”等，其实都是词，不是惯用语。他们认为“伸手、放羊、坐车、磨牙、张嘴、下台”等是词，而“吹牛、拍马、装蒜、买账、砸锅、筛糠”等是惯用语。

他们认为，“你好！”“再见！”“对不起！”是句子，而“火烧眉毛”、“大鱼吃小鱼”、“脚踩两只船”、“一块石头落了地”、“此地无银三百两”、“一条道儿跑到黑”等才是惯用语。

他们认为，“惯用语的最本质的特点就在于它是一个不能直接由字面上获得其整体意义、各成员之间有稳定联系的固定词组，而不是一个临时搭配的、可随意变换其成员的自由词组。”据此，他们主张把“露水夫妻”、“黄毛丫头”归入惯用语。他们主张把“一袋烟功夫”、“碗口粗”看成是自由词组，而把“眨眼功夫”、“芝麻大”看成是惯用语。

他们不同意把表意是否具有双层性作为区分惯用语和成

语的“唯一的标准”，认为把“杯弓蛇影、有的放矢、芒刺在背、越俎代庖”归入成语，而把“从容不迫、不胜枚举、弥天大谎、从善如流”归入惯用语，“总让人感到难以通过”。

他们对于“公说公有理，婆说婆有理”、“白刀子进去，红刀子出来”等一类语言单位是否属于惯用语，未表明看法。

第八种，把“笑面虎”、“打秋风”、“穿小鞋”等三字格都划归词，认为惯用语只能是非三字格的一部分俗语。持这种意见的，以周荐为代表。

周荐在《惯用语新论》(《语言教学与研究》1998 年第 1 期)一文里认为：

> “惯用语”的叫名尽管出现的历史并不长久，但是它通俗易懂，在含义上与熟语内部各类单位的叫名(成语、谚语、歇后语等)不相混同，因而有其存在的价值。“惯用语”的所指只能是语的一种，而不能是词，也不能兼指语和词。而“笑面虎、冷热病”之类已划归词，就不能仍称“惯用语”。那么，“惯用语”所指的究竟是哪一类词汇单位呢？我们认为，可用它指原“惯用语”中除去三字格的部分。

在《熟语分类论》(《立命馆言语文化研究》12 卷 4 号，2001，京都)一文里，他又说：

> 如果三字格的单位被看作是词，那么，“惯用语”的叫名又所指为何呢？既然叫惯用“语”，所指总得是语不是词才成。三字格已被定位于词，就不可再以“惯用语”名之。因此，“惯用语”的叫名如果认为有保留的必要的话，其所指应该是非三字格的单位。

如果我们举一些相关的语言单位作为例子，把上述八种意见进行比较，可以列表如下（格里无字的，指未表态）：

<table>
<tr><th>意见类别<br>例子</th><th>第一种</th><th>第二种</th><th>第三种</th><th>第四种</th><th>第五种</th><th>第六种</th><th>第七种</th><th>第八种</th></tr>
<tr><td>穿小鞋</td><td>惯用语</td><td>惯用语</td><td>惯用语</td><td>成语</td><td>惯用语</td><td>惯用语</td><td>惯用语</td><td>词</td></tr>
<tr><td>从容不迫</td><td>成语</td><td>成语</td><td>成语</td><td>惯用语</td><td>成语</td><td>成语</td><td>成语</td><td>成语</td></tr>
<tr><td>西施</td><td>词</td><td>词</td><td>惯用语</td><td>词</td><td>词</td><td>词</td><td>词</td><td>词</td></tr>
<tr><td>铁公鸡</td><td>词</td><td>词</td><td>词</td><td>词</td><td>惯用语</td><td>词</td><td>词</td><td>词</td></tr>
<tr><td>唱对台戏</td><td>惯用语</td><td rowspan="4">俗语</td><td>惯用语</td><td rowspan="2">成语</td><td>惯用语</td><td>惯用语</td><td>惯用语</td><td>惯用语</td></tr>
<tr><td>碰一鼻子灰</td><td>惯用语</td><td>惯用语</td><td>惯用语</td><td>惯用语</td><td>惯用语</td><td>惯用语</td></tr>
<tr><td>一块石头落地</td><td rowspan="2">修辞谚</td><td>惯用语</td><td rowspan="2">成句子的俚语</td><td rowspan="2"></td><td>惯用语</td><td>惯用语</td><td>惯用语</td></tr>
<tr><td>你走你的阳关道，我走我的独木桥</td><td></td><td>惯用语</td><td></td><td>惯用语</td></tr>
</table>

从上面的叙述和上表中可以看出，意见分歧相当明显，有的还相互对立。如第一种意见认为惯用语以三字格（如“穿小鞋”）为主，第二种意见认为惯用语只能是三字格，而第八种意见则认为三字格都是词，连语都不是。第四种意见，以有无双层意义为标准来划分成语和惯用语，结果恰好与其他几种意见相反。

**2. 对惯用语性质和范围的新探索**

我们认为，上述意见之所以如此相左，根本原因，是因为他们大多就惯用语论惯用语，不大注意把惯用语放到汉语语汇的整体中去观察。因此，要探究惯用语的性质和范围，关键是要把惯用语放到汉语语汇的整体中，和其他语言单位进行比较研究。

沿着这个思路，首先要明确汉语里“语”的性质，然后进行分类。

“语”是汉语里由词和词组合成的、结构相对固定的、具有多种功能的叙述性语言单位。（见温端政《汉语语汇学》，商务印书馆，2005，第17页）叙述性是语区别于词和专名语、专门用语等其他定型的语言单位的主要特征，也是语的本质属性所在。我们首先抓住语的叙述性特征，以叙述的内容和方式为标准，把语分为表述语、描述语和引述语三种类型。

表述语的特点是具有知识性。内容十分广泛，既包含对客观事物的认识，也包含在社会实践中积累的经验。谚语属于表述语，如“百闻不如一见”、“巧妇难为无米之炊”、“强扭的瓜不甜”等。部分成语也属于表述语，如“哀兵必胜”、“寡不敌众”、“众志成城”等。

描述语缺乏表述语所具有的知识性，不像表述语那样采用逻辑推理的形式，而是运用多种手法描述人或事物的形象、状态，或描述行为动作的性状。惯用语属于描述语，如“碰钉子”、“喝西北风”、“人生地不熟”、“雷声大雨点小”、“一朵鲜花插在牛粪上”、“白刀子进，红刀子出”等。大部分成语也属于描述语，如“风雨满城”、“风和日丽”、“冠冕堂皇”、“功成名就”等。

引述语是由“引子”和“注释”两个部分组成的。它的惯用名称是歇后语。如“泥菩萨过河——自身难保”、“黄鼠狼给鸡拜年——不安好心”、“小葱拌豆腐——一青（清）二白”等。

如上所述，谚语和少数成语是表述语，惯用语和大部分成语是描述语，歇后语全部是引述语。接下来，再把成语从表述语和描述语里分离出来，成为语的一个大类。

综观人们心目中的成语，可以无一例外地分成两类。

一是属于表述性的。如：

本性难移　不平则鸣　不破不立　唇齿相依
唇亡齿寒　大器晚成　大智若愚　盗亦有道
福无双至　寡不敌众　红颜薄命　户枢不蠹
吉人天相　集腋成裘　骄兵必败　久病成医
人微言轻　众口难调　众口铄金　众怒难犯
众毛攒裘　众擎易举　众志成城　做贼心虚

二是属于描述性的。如：

哀鸿遍野　安居乐业　百废待兴　半途而废
杯水车薪　病入膏肓　惨不忍睹　初出茅庐
唇枪舌剑　粗枝大叶　大海捞针　刀光剑影
倒行逆施　当机立断　得意忘形　酒囊饭袋
抛砖引玉　固若金汤　和风细雨　魂不守舍
虎踞龙蟠　千钧一发　投鼠忌器　任劳任怨

从数量上看，属于表述性的较少，属于描述性的是大多数。

属于表述性的，从内容上看，与谚语没有多大区别，像“本性难移、不平则鸣、大器晚成、大智若愚”等，有些谚语词典也收；“吉人天相”，可说成“吉人自有天相”，“久病成医”可以说成“久病成良医”，都成了谚语。可见，能与谚语区别的唯一特征是四字结构。

属于描述性的，从内容上看，和惯用语没有什么区别，唯一可以作为区别性特征的也是四字结构。

由此，可以得出结论：所谓成语，实际上是由四字结构的表述语和四字结构的描述语组合而成的。

然而，四字结构并不都是成语，像“唱对台戏”、“喝西北风”、“放马后炮”等“一——三”结构，是惯用语，而不是成语；像“旁观者清”、“物离乡贵”等“三——一”、“一——三”结构，是谚语，而不是成语。只有在结构上是“二二相承”的才是成语。这种“二二相承”，多数表现在语法或语义结构上，也有的表现在语音结构上。

从语法或语义结构上看，相当一部分成语属于并列式，如“刀山火海、胆战心惊、暴风骤雨、赏心悦目、红男绿女”等。它们自然而然地形成两字一顿的音步，如“刀山——火海”、“胆战——心惊”、“暴风——骤雨”、“赏心——悦目”、“红男——绿女”等。即使不是并列式结构，如“胸有成竹、一丘之貉、哄堂大笑、江郎才尽、江河日下、揭竿而起”等，音步的划分也是“二二相承”的，甚至像“一衣带水”（本义为像一条衣带那么窄的水面，形容两岸距离很近，往来无阻）这样结构特殊的成语，习惯念法也是“二二相承”。这样，我们可以把成语和非二二相承的表述语、描述语区别开来。也就是以结构上“二二相承”为标识，把成语从表述语分离出来；同样，以“二二相承”为标识，把成语从描述语分离出来。因此，也可以说谚语是非“二二相承”的表述语；惯用语是非“二二相承”的描述语。

综合前面所述，我们可以把语的分类系统表示为如下图式：

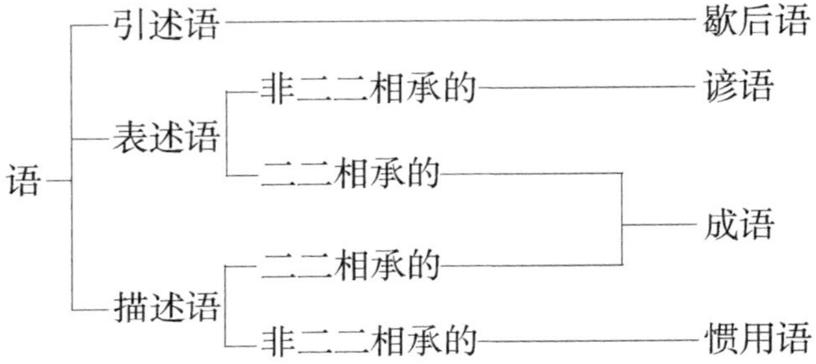


把惯用语定义为“非二二相承的”的描述语，可能是最佳的选择。

把惯用语定义为“非二二相承的”的描述语，惯用语则不受字数限制。可以有：

三字惯用语，如：挨板子、矮半截、碍手脚、拔虎须、抱粗腿、背靠背、唱高调、搭梯子、打饥荒。

四字惯用语，如：挨当头棒、背药罐子、唱对台戏、唱空城计、撑顺风船、吃大锅饭、吃后悔药、打落水狗、打歼灭战。

五字惯用语，如：八九不离十、按葫芦画瓢、报喜不报忧、逼公鸡下蛋、吃软不吃硬、出力不讨好、打如意算盘、打鸭子上架。

六字惯用语，如：八字没有一撇、不费吹灰之力、不问青红皂白、扯大旗作虎皮、吃不了兜着走、吃香的喝辣的、穿新鞋走老路、刀子嘴豆腐心。

七字惯用语，如：按倒葫芦瓢起来、抱着粗腿往上爬、不管三七二十一、不见兔子不撒鹰、不蒸馒头争口气、车如流水马如龙、吃了五谷思六谷、船到码头车到站、拣在篮里便是菜、打断骨头连着筋。

八字惯用语，如：不怕风大闪了舌头、吃了上顿没有下顿、吃了羊肉惹一身骚、打一枪换一个地方、打着灯笼没地方走。

九字惯用语，如：不吃羊肉空惹一身膻、不知道马王爷三只眼、大睁着眼往火坑里跳、当一天和尚撞一天钟、到什么山上唱什么歌、斗大的字认不上两石。

十字惯用语，如：踩着别人的肩膀往上爬、顾得了上餐顾不了下餐、过了二十年又是一条好汉。

十字以上的惯用语，如：把别人棺材抬在自家里哭、不知道葫芦里卖的什么药、扯别人的被头盖自己的脚、吃不到葡萄就说葡萄是酸的。

惯用语也可以是由两个语节构成的，如：

熬不生，煮不熟　　彼一时，此一时　　兵对兵，将对将

陈谷子，烂芝麻　　闯刀山，过火海　　当面锣，对面鼓

鼻涕一把，眼泪一把　　比上不足，比下有余

闭一只眼，张一只眼　　表面一套，心里一套

不求有功，但求无过　　不是鱼死，就是网破

成事不足，败事有余　　聪明一世，糊涂一时

不求同日生，但愿同日死　　吃鱼不沾腥，偷油不露嘴

赤脚的赶鹿，着靴的吃肉　　打了盆说盆，打了罐说罐

挨一刻是一刻，挨一日是一日

钓鱼跑了鱼钩，卖面翻了笸箩

炒下豆子众人吃，打烂砂锅一人赔

大虫口中夺脆骨，骊龙颔下取明珠

顶着鹅毛不知轻，压着磨盘不知重

顶门上不见了三魂，脚底板荡散了七魄

### 3. 与确定惯用语范围相关的几个问题

确定惯用语的范围是个比较复杂的问题，有几个界限不清的问题需要予以讨论。

(1) 关于“豹子胆”、“乌纱帽”、“对台戏”等是否属于惯用语的问题

这个问题，实际上关系到惯用语与复合词的区别问题。

已经出版的惯用语类辞书，有不少都收了“豹子胆”、“乌纱帽”、“对台戏”等，认为它们是惯用语。最为突出的是《现代汉语惯用语规范词典》(李行健主编，长春出版社，2001)，它同时系统性地兼收了复合词和惯用语。如：

| | |
|---|---|
| 1. 豹子胆　吃豹子胆 | 2. 闭门羹　吃闭门羹 |
| 3. 表面文章　做表面文章 | 4. 大锅饭　吃大锅饭 |
| 5. 大手术　动大手术 | 6. 定心丸　吃定心丸 |
| 7. 独木桥　过独木桥 | 8. 对台戏　唱对台戏 |
| 9. 耳边风　吹耳边风 | 10. 防空洞　钻防空洞 |

11. 狗皮膏药　卖狗皮膏药　贴狗皮膏药

12. 鬼门关　出鬼门关　过鬼门关　进鬼门关

13. 狐狸尾巴　露狐狸尾巴　露尾巴

| | |
|---|---|
| 14. 鸿门宴　赴鸿门宴 | 15. 夹生饭　做夹生饭 |
| 16. 假面具　戴假面具 | 17. 紧箍咒　念紧箍咒 |
| 18. 聚宝盆　捧聚宝盆 | 19. 军令状　立军令状 |
| 20. 宽心丸　吃宽心丸 | 21. 老皇历　搬老皇历　翻老皇历 |
| 22. 冷板凳　坐冷板凳 | 23. 冷热病　犯冷热病 |

24. 连裆裤　穿连裆裤　　　25. 落水狗　打落水狗

26. 马蜂窝　捅马蜂窝　　　27. 毛毛雨　下毛毛雨

28. 迷魂阵　摆迷魂阵　　　29. 牛鼻子　牵牛鼻子

30. 如意算盘　打如意算盘　31. 三岔口　演三岔口

32. 死胡同　钻死胡同　　　33. 死老虎　打死老虎

34. 馊主意　出馊主意

35. 乌纱帽　丢乌纱帽　戴乌纱帽　保乌纱帽
捞乌纱帽　摘乌纱帽

36. 西洋景　看西洋景　　　37. 小报告　打小报告

38. 小辫子　揪(小)辫子　　39. 小锅菜　炒小锅菜

40. 小九九　打小九九　　　41. 小算盘　打小算盘

42. 有色眼镜　戴有色眼镜　43. 枕头风　吹枕头风

44. 枕头状　告枕头状

既收"豹子胆",又收"吃豹子胆";既收"乌纱帽",又收"丢乌纱帽"、"戴乌纱帽"等;既收"对台戏",又收"唱对台戏"。如此等等,说明混淆了词与惯用语的界限。

"豹子胆"、"乌纱帽"、"对台戏",《现代汉语词典》(第6版)的释文是:

> 【豹子胆】名 指特别大的胆量。敢做冒极大风险的事叫吃豹子胆。
>
> 【乌纱帽】名 纱帽。借指官职。也叫乌纱。
>
> 【对台戏】名 ①两个戏班为了互相竞争,同时演出的同样的戏。②见〖唱对台戏〗。

这说明,"豹子胆"是名词,属于概念性语言单位;"吃豹子胆”才是语（惯用语），属于叙述性的语言单位。同样，“乌纱帽”是名词，“丢乌纱帽”、“戴乌纱帽”等才是语（惯用语）；“对台戏”是名词，“唱对台戏”才是语（惯用语）。

区别惯用语与复合词，是划清惯用语界限的一个重要问题。

（2）关于“拍马”、“吃醋”类的归属问题

“拍马”是“拍马屁”的紧缩，类似的还有：

吹牛——吹牛皮　耍滑——耍滑头　合拍——合拍子

（以上 AB←ABC）

装蒜——装洋蒜　扯腿——扯后腿　踢球——踢皮球

（以上 AC←ABC）

对于这种情况，有三种不同意见：

第一，认为 AB、AC 是词，ABC 是惯用语。（见马国凡、高歌东《惯用语》，内蒙古人民出版社，1982，第 3—5 页）

第二，认为 AB、AC 和 ABC 都是惯用语。（见吕冀平、戴昭铭、张家骅《惯用语划界和释义问题》，《中国语文》1987 年第 6 期）

第三，认为 AB、AC 和 ABC 都是词，不是惯用语。（见周荐《惯用语新论》，《语言教学与研究》1998 年第 1 期）

从意义上是否具有描述性的角度来观察，“吹牛、装蒜”和一般双音节词的主要区别，在于它们具有叙述性，而双音节词不具有叙述性；“吹牛皮、拍马屁”和“吹牛、拍马”，字数（音节数）不同，但意义相同，都具有叙述性。所以，第二种意见，认为 AB、AC 和 ABC 都属于惯用语，有一定的道理。

“吃醋”类和“拍马”类的情况有所不同，它不是由哪个惯用语紧缩而来。它在语义上具有双层性，而且结构上可以扩

展，如：

①他可好，心里眼里就一个珍主儿，对皇后冷若冰霜，激得姑侄俩联成一气吃酸醋。（赵淑侠《赛金花》）

②怪不得林宛芝在吃她的醋哩。（周而复《上海的早晨》一部二八）

③齐光第见胡文玉一来就被渡边、张木康重用，早就吃胡文玉的醋，老想找个机会打击胡文玉一下。（雪克《战斗的青春》七章三）

④"你何必吃这种干醋？你屋里头不是也有一个吗？"克定嘲笑地说。（巴金《春》一〇章）

类似的还有"牵头、牵线、搭桥、买账、砸锅"等。它们的性质和"吃醋"相似，把它们归入惯用语，也说得过去。

不过，这些两字语，确有词化的趋势，把它们看成词也未尝不可。《现代汉语词典》（第6版）就把"吹牛"、"吃醋"等标注为动词。

(3) 关于"阿斗、诸葛亮"等的归属问题

"阿斗"和"诸葛亮"属于专有名词，不属于语，也就谈不上是惯用语。界限本来是清楚的。但由于它们在某种语境中具有引申或指代义，容易被误认为是惯用语。如：

①我常常想：倘使我自己不争气，是个扶不起的阿斗，事事都靠包青天、海青天，一个青天，两个青天，能给解决多少问题呢？（巴金《随想录·〈小人·大人·长官〉》）

②"放心吧，嫂姑子，"老金头笑嘻嘻地说，"你不知你们的头儿是个诸葛亮吗？他有退兵之计，你急什么？"（峻

青《海啸》二章)

例①里的“阿斗”,不完全是指的三国蜀汉昏庸后主刘禅的小名,而是用来借代懦弱无能的人。例②里的“诸葛亮”,也不完全是指三国蜀汉丞相诸葛亮,而是用来借代足智多谋的人。

这类专有名词还有许多,如:阿Q、祥林嫂、李逵、武大郎、高衙内、赵子龙,等等。它们虽然在使用时可能具有引申或指代义,但不能改变词的性质。有些惯用语辞书把它们也作为惯用语予以收录,显然是不足取的。

# 三、惯用语的来源

惯用语来源于人民大众的口语，是历代群众口耳相传创造出来的。因此大部分不能找到出处，看不到最初的文献记载。但是，还是有相当一部分惯用语可以从历史文献中或者民间传说中找到来源出处。另外，有的来源于方言，还有更多的是来源于各行各业和日常生活。下面分别予以叙述。

## 1. 来源于历史文献记载

历代文献记载的惯用语，大部分没有沿用下来。如《左传》记载的下列惯用语，现在都不用了。

**蕞尔国**　抑谚曰："蕞尔国。"而三世执其政柄，其用物也弘矣，其取精也多矣。（昭公七年）

**杀老牛莫之敢尸**　古人有言曰："杀老牛莫之敢尸。"而况君乎？二三子不能事君，焉用厥也！（成公十七年）

**室于怒，市于色**　令尹子瑕言蹶由于楚子，曰："彼何罪？谚所谓'室于怒，市于色'者，楚之谓矣。"（昭公十九年）

蕞尔国，指小小的国家。杀老牛莫之敢尸，指杀了给人耕田的老牛，没人敢做主。室于怒，市于色，指家里受了气，却给外人脸色看。它们都是当时的惯用语，却没有流传下来。

又如明代小说《金瓶梅》就用了很多惯用语，如：

拳头上立得人，胳膊上走得马（二回）

一床锦被遮盖(六回)

捏两把汗(九回、四三回)

家鸡打的团团转,野鸡打的贴天飞(一二回)

平地里起风波(一二回)

吃不了包着走(一三回)

七个头,八个胆(一四、二五回)

荤不荤,素不素(一六回)

火里火去,水里水去(一六回)

机儿不快梭儿快(一六回)

风里言,风里语(话)(一八、二五、二六、九一回)

吃着碗里,看着锅里(一九回)

雷声大,雨滴小(二〇回)

绵里(之)针,肉里(之)刺(二〇、五一回)

念了经打和尚(二一回)

穿青(黑)衣,抱黑柱(二五、三四、四四、七二、七六、八五回)

得不的(个)风儿就(是)雨儿(二五、四三、七六回)

做了一日和尚,撞了一日钟(二六回)

将上不足,比下有余(二六回)

大拳打了(人),(这回)拿手(来)摸挲(二六、五二回)

好心倒做了驴肝肺(二八回)

东一帐,西一帐(二九回)

旋的不圆砍的圆(二九、七三回)

一人之下,万人之上(三〇回)

左右是左右(三一回)

心不在肝上(三三回)

东也不成,西也不就(三六回)

不图打鱼,只图混水(四五回)

当面锣,对面鼓(五一回)

得了些颜色就开起染房来了(五八回)

班门中弄大斧(六六回)

老鸦笑话猪儿足(六九回)

东沟犁(篱),西沟耙(坝)(七三、七五回)

放着河水不洗船(七四回)

合穿着一条裤子(七五回)

大眼看小眼(七八回)

喝过来,断过去(七八回)

见钟不打打铸钟(八七回)

一尺水,十丈波(八八回)

这些惯用语,有的没有沿用下来;有的虽然沿用下来,如"吃着碗里,看着锅里""雷声大,雨滴小""好心倒做了驴肝肺"等,但它们也不是"源",而是"流"。

真正能从历史文献上找到来源的,有一些,但不很多,下面列举几个现在还常用的。

**刮地皮** 《新唐书·程日华传》记载:唐代德宗时,沧州刺史李固烈罢官离职时,把钱粮财物搜刮一空,激起将士们的愤怒,说:"刺史不弃毫发恤吾急,今刮地以去,吾等何望?"于是把李固烈杀死。由此传下来"刮地皮"这个惯用语,喻贪官污吏百般搜刮民财。如:鲁迅《华盖集·这个与那个(二)》:"捧得他连自己也忘其所以,结果是渐渐变成老官僚一样,动手刮地皮。”马烽、西戎《吕梁英雄传·开头的话》：“那些政府官员、将军、太太，带上平时刮地皮刮下的金银宝珠……逃到西安、重庆等大后方去了。”

**交白卷** 《旧唐书·苗晋卿传》记载：“天宝一载春，御史中丞张倚男奭参选……众知奭不读书，议论纷然……玄宗大集登科人御花萼楼亲试，登第者十无一二，而奭手持试纸，竟日不下一字，时谓之曳白。”《六部成语·礼部·曳白》：“不能做文，亦不成一字，只以白纸卷子呈交，谓之曳白。俗名交白卷子。”后指参加笔试的人，交出未作答案的空白试卷。如：《红楼梦》一一八回：“贾兰道：‘叔叔既这样，就拟个题目，我跟着叔叔作作，也好进去混场，别到那时交了白卷子惹人笑话。’”《冷眼观》八回：“口中说道：伏羲、文王、周公、孔子，这两支中拣我肚里有的发一支，千万保佑我莫要交白卷。”刘绍棠《春草》一九：“这几天我的头都快要炸了，一滴血一点火性儿也写不出来，我打算交白卷了。”

**风马牛不相及** 《左传·僖公四年》记载：“四年春，齐侯以诸侯之师侵蔡。蔡溃，遂伐楚。楚子使与师言曰：‘君处北海，寡人处南海，唯是风马牛不相及也，不虞君之涉吾地也，何故？’”风：一指走逸，走失；一指兽类雌雄相诱。及：达到。原指两地相距很远，即使马牛走失，或发情的牛马相追逐也跑不到对方境内。引申指彼此互不相干。这个惯用语后世一直流传下来。如：明·汤显祖《南柯记》二九出：“君处江北，妾处江南，风马牛不相及也。”《好逑传》一四回：“我在陌路中，亏他救了，事已奇了，还说是事有凑巧；怎么爹爹贬谪边庭，与他风马牛不相及，又无意中为他救了，不更奇了！”《活地狱》二七回：

"蒋明允恨极了，时常想同我们做对，但是从没有交涉的事。又是一个居乡，一个居城，风马牛不相及的，也没有新鲜法子。"邹韬奋《无政府与民主政治》："其实民主政治与'散漫无政府状态'是风马牛不相及，乃是一种极寻常的常识。"

**不许越雷池一步** 《晋书·庾亮传》记载：东晋成帝咸和二年（公元327年），历阳内史苏峻造反。骠骑将军温峤想带兵保卫京都，中书令庾亮写信给温峤说："吾忧西陲（征西大将军陶侃驻地）也过于历阳，足下无过雷池一步也。"意思是叫温峤坐镇原防，不要越过雷池到京都去。越：越过，超越。雷池：古水名，在今安徽望江。指不允许超越一定的范围界限。这个惯用语也沿用至今。如：鲁迅《两地书》三〇："像我，现在和六个同学同进退，不至八大爷到来，不得越雷池一步，真是苦极。"邹韬奋《萍踪寄语》三九："尽管听任你在文字上大发挥，尽管听任你在嘴巴上大发挥，但在行动上，这资本主义的社会制度好像铜墙铁壁似的，却不许你越雷池一步！"梁斌《播火记》一五："嘉庆说：'怎么管得这么紧？不叫你越雷池一步。'"

**一蟹不如一蟹** 宋·苏轼《艾子杂说》记载："艾子行于海上，见一物圆而扁，且多足，问居人曰：'此何物也？'曰：'蝤蛑也。'既又见一物圆扁多足，问居人曰：'此何物也？'曰：'螃蟹也。'又于后得一物，状貌皆若前所见而极小，问居人曰：'此何物也？'曰：'彭越也。'艾子喟然叹曰：'何一蟹不如一蟹也！'"蝤蛑（yóumóu）：梭子蟹，"蟹之巨而异者"，"其大如升"。彭越：即彭蜞，蟹的一种，体小少肉。原义指蝤蛑、螃蟹和彭蜞一个比一个体形小。比喻一个不如一个，越来越差。此语也沿用至今。如：金·王若虚《文辨二》："晏殊以为柳胜韩，李淑又谓刘胜柳，所谓‘一蟹不如一蟹’。”蔡东藩《后汉演义》四一回：“一蟹不如一蟹，果有常侍江京李闰等，相继并起，取悦安帝，得窃政权。”欧阳山《苦斗》四八：“杨志朴摸着两撇胡子，十分开心地说：‘我早就说过：岑春煊不如龙济光，陆荣廷不如岑春煊，莫荣新不如陆荣廷，陈炯明不如莫荣新，刘震襄、杨希闵不如陈炯明，蒋介石不如刘震寰、杨希闵。这叫做虽然个个横行，但是一蟹不如一蟹！’”

**2.来源于民间传说**

有许多惯用语来自民间传说，如：

**拍马屁** 此语来源于草原牧民的口语。据说好马的屁股都是滚圆的，两侧必然隆起，因此牧民称赞马好时，常拍着马的屁股赞叹：“真是匹好马！”后来，有人只要见到权贵人家的马，不管好坏，都要拍着马的屁股奉承说：“大人的马真好！”逐渐地，“拍马屁”就成了专指讨好、奉承人的习惯用语。如：《官场现形记》八回：“他原是最坏不过的，看见陶子尧官派熏天，官腔十足，晓得是欢喜拍马屁，戴炭篓子的一流人。”《中国现在记》一一回：“同寅因为他是新抚台带来的人，自然有一半来拍马屁。”张恨水《春明外史》六三回：“你看见我极力拍金大爷的马屁吗？他就是我们老头子托了的，叫他管着我呢。”

**吹牛皮** 旧时黄河中上游，渡河的主要工具是用牛皮或羊皮制成的皮筏子，用时用特制的鼓气袋吹气。因为容量大，用嘴吹不起来。传说，当地人听到有人说大话时，便说：“请到黄河去（吹）吧！”后用来指夸口，说大话。如：《冷眼观》一二回：“并不是我替他吹牛皮，还是个堂堂的前任江南盐巡道呢，而且做过制造局督办。"《九尾龟》一二回:(有人)"专喜对着别人说你的阔劲……还出了个吹牛皮说大话的名头,从此别人看你不起。"丁玲《法网》:"于阿小年纪轻一点,什么事都没有顾美泉老练和内行,也就没有他那末会吹牛皮。"

**敲竹杠** 传说清代末年,贩卖鸦片的烟贩子为逃避官府检查,把鸦片密藏在用粗竹竿做成的船篙里。有个官员检查时,无意中敲打船篙。烟贩子以为机密败露,忙塞给银子。后来,形成惯例,官员每次上船检查都要敲,示意烟贩子行贿。又说从"敲竹竿"讹来:旧时游人到四川乘坐滑竿(一种旧式交通工具,在两根粗而长的竹竿之间,架上像躺椅的座位,由两个人抬着行走)游山时,到了半山腰,抬滑竿的人常敲打肩上的竹竿,示意乘客加钱。如不加钱,便故意放慢脚步或走走停停。后指利用别人的弱点或寻找某种借口,强行索取财物或故意抬高价格。如:《官场现形记》一七回:"这种竹杠我劝你还是不敲的好。要弄弄一笔大的。就是人家说我们敲竹杠,不错,是我的本事敲来的,尔其将奈我何。"《市声》七回:(她)"故意敲竹杠,要他六千银子,才肯嫁他。"张恨水《春明外史》一九回:"其实他虽然开口要五十元,你给他七块八块,也就完了。你现在既和他闹翻了,事一传出去,敲竹杠的一拥而上,你可应付不了。"

**露马脚** 传说明代开国皇帝朱元璋,幼时家贫,后与马氏姑娘结婚。马氏有一双未缠过的大足。朱元璋当了皇帝后,马氏成了皇后,有一天,到京都三山街游逛,坐在轿中四处张望。忽然起了狂风,将轿帘掀起,露出了她的大脚。凑巧被个小店员看见了,他到处乱讲,后传到皇宫。朱元璋得知后大怒，派人斩了小店员，而“露马脚”却流传开来，比喻无意中暴露出事情隐蔽的真相。如：《水浒全传》一〇一回：“王庆一日吃得烂醉如泥，在本府正排军张斌面前，露出马脚。”《官场现形记》七回：“如果照本抄誊，倘若抚宪传问起来，还不出这几个人的出典，就要露马脚。”张恨水《金粉世家》一〇六回：“是与不是，我哪里知道？不过你自己说话，有些前后不能关照，露出马脚来了。”

**打秋风**　明·郎瑛在《七修类稿·辩证上·懞子秋风》里记载：民间把求人给予财物叫做“打秋风”，他不理解。后来偶然在朋友家里看到北宋书画家米芾所写的手札，才知道“风”应当是“丰熟”的“丰”。打秋风，是指趁秋天丰收时来分肥。后泛指假借各种名义或利用各种关系，向人索取财物。如：《警世通言》卷二五：“他自不会作家，把个大家事费尽了，却来这里打秋风。我员外好意款待他一席饭，送他二十两银子。”《儒林外史》四回：“知县汤奉接了帖子，一个写‘世侄张师陆’，一个写‘门生范进’，自心里沈吟道：‘张世兄屡次来打秋风，甚是可厌；但这回同我新中的门生来见，不好回他。’”阿英《盐乡杂信》九：“盐警打秋风的事情很多很多……想出种种的方法，如做生日之类，向盐民们弄钱。”

### 3. 来源于方言

有些惯用语来自各地的方言。如：

**打牙祭**　来自西南方言，指每逢初一、十五改善伙食，吃一顿有荤菜的饭。后进入普通话，指偶尔吃一顿丰盛的饭菜。也指偶尔喝好的饮料。如：艾芜《端阳节》一：“明朝儿子孙子又要请我们打牙祭了!”王平《宜兴壶》:“平素逢年过节,细陈妹子总还要另买几两如毛尖、秀眉、龙井、茉莉等上品,给何老先生打打牙祭。”

**摆龙门阵** 龙门阵:四川方言,闲聊,闲谈。指讲故事或长时间聊天。如:《跻春台·卖泥丸》:“我们下力的人,不摆龙门阵,不扯白谈经。”茅盾《惊蛰》:“豪猪先生猜想起来,这是黄鼠狼他们在乘凉摆龙门阵了。”李劼人《大波》一部四章五:“几家铺面外的檐阶上,还放有三四只大木盆,一些大娘大嫂还正在一面摆龙门阵,一面哗哗地搓洗。”

**炒鱿鱼** 来自广东方言。鱿鱼一下油锅,就会自动卷起来。卷,双关语,转指卷铺盖,即解雇或主动辞职。如:宋庚一等《“傻子”厨师张兴国的真实遭遇》:“这是张兴国第一次被‘炒鱿鱼’,此后他每次求职都要先问人家‘要做野味吗’?”王玉平等《中国的金领阶层》:“他很幸运地被聘为技术员,但他找不到事业的感觉。在最初的日子里,他竟连续炒了五个老板的鱿鱼。”

**打八刀** 来自东北方言。八刀:合起来是“分”字。指办理离婚。如:周立波《暴风骤雨》二部二一:“咱们识字班有个人叫我来打听打听:她要打八刀能不能行?”韶华《儿女们自己的事》:“金蓝几次提出要打八刀。”

**4. 来源于各行各业和日常生活**

有许多惯用语来源于各个行业和日常生活的方方面面。包括:

(1)来自医药方面的。如:

**打预防针** 原指往身上注射预防疾病的疫苗。比喻预先提出告诫，使对方有某种应付产生不良后果的思想准备。如：刘绍棠《荆钗》一二章："牛蒡探头向西厢房看了看，才看见西厢房的房门挂着锁，说：'原来她昨晚出去，一夜未归。''变相野妓！'鸣翠又呸又啐，'所以我才给你打预防针，不许你招惹她。'"

**吃定心丸** 定心丸：吃了能使情绪安定的药丸。比喻得到某种许诺或宽慰，使情绪安定下来。如：《楼中月》三〇回："所谓心病须将心药医，现已吃过了定心丸，自然病去心安。"茅盾《子夜》一九："这回吴荪甫为的先就吃过'定心丸'，便不像刚才那样慌张，他的手拿起那听筒，坚定而且灵快。"李劼人《大波》三部七章五："没别的，先给大家吃一颗定心丸要紧！"冯志《敌后武工队》二六章："听过士兵的流畅报告，田光像吃了副定心丸，立刻把心放了下来。"

**动大手术** 比喻进行大的修改、整顿或调整。如：王跃文《很想潇洒》八："汪凡越来越成熟了，他写的材料马主任再也不用动大手术了，只是作个别字句的修改。"刘震云《官人》三："这时老袁是赞成部长动大手术的，最好将手下七个副手都动了，好留一张白纸给他绘画。"

**打强心针** 强心针：用来增强心脏机能的针剂。比喻用话语或采取某种办法使人增强信心，振奋精神。刘绍棠《这个年月》二一章："'这个鬼地方！'大失所望四个字儿挂在了马驰骋的脸上。'嘻？山不在高，有仙则名，水不在深，有龙则灵。'沈字典非常及时地给他打强心针。"

（2）来自戏剧方面的。如：

**唱对台戏** 对台戏：旧指两个戏班子，为了竞争，在同一地区同时演出相同的戏。比喻双方采取相对立的行动，以胜过对方。如：茅盾《锻炼》二二："我的主张早已发表过许多次了，现在不想再跟你们唱对台戏。"周而复《上海的早晨》三部三一："你要民建和工商联同上总唱对台戏吗？"柳青《创业史》二部一〇章："郭振山是故意和咱们唱对台戏！"

**唱独角戏** 独角戏：只有一个角色演出的戏。指一个人表演的节目，也比喻一个人单独做某件本来需要几个人做的事。如：邹韬奋《一个农夫的演说》："这位老农夫却仍然精神抖擞、态度安详地唱他的独角戏，而且没有一秒钟不吸住全体听众的注意。"鲁迅《论"旧形式的采用"》："艺术的前进，还要别的文化工作的协助，某一文化部门，要某一专家唱独脚戏来提得特别高，是不妨空谈，却难做到的事。"老舍《四世同堂》八四："那时候，我急，我怒，所以我不能容纳别人的意见。凡是与我主张不同的，我便把他们看成仇敌。那时候，我是唱独角戏。"

**唱主角** 比喻充当主要作用的人。如：刘流《烈火金钢》九回："李金魁去叫民兵，孙定邦留在家里，准备应付意外的情况。齐英……要唱主角，他虽然很高兴地要执行这个任务，可是自己心里老是突突地跳。"

**唱白脸** 白脸：古典戏剧中象征奸邪的脸谱。比喻在解决矛盾冲突中，充当严厉或不受欢迎的角色。如：李凖《黄河东流去》三七章五："就是这个'圣人门徒'，把他倒在碾盘上的一点谷子也扫走了，而且他自己不露面，叫两个当兵的来唱白脸耍赖。"水晶《难忘的时日》："你们装好人，我为什么要唱白脸?”

**唱空城计** 诸葛亮出师祁山,派先锋马谡守街亭。马谡不听副将王平劝谏,舍水上山,结果为魏将张郃所败。街亭失守后,魏将司马懿率兵直逼西城,诸葛亮无兵迎敌,设计大开城门,自己在城楼上面弹琴,使司马懿疑有伏兵,怕中计,引兵退走。后用“唱空城计”比喻用计谋掩饰自己力量的空虚,骗过对手。也比喻内部力量空虚。如:老舍《火葬》六:“悲观的李四以为我们的军队调走,是因为别处的兵力太弱;那么,假若军队都调了走,而敌人向文城攻打,岂不是得唱空城计?”白危《垦荒曲》二部二七:“大队人马都给你们土改队拉走了,场里在唱空城计,哪像你坐在举人老爷家里惬意!”魏巍《东方》四部一六章:“郭祥舐舐干裂的嘴唇,试探着说:‘你看我们能不能唱出“空城计”呢?’‘空城计?’老模范惊问,‘你是说把人撤了?’”

(3)来自军事方面的。如:

**打头阵** 原指打仗时最先出阵,与敌人交锋。比喻遇事冲在前面,率先出场,或带头行动。如:老舍《鼓书艺人》四:“唐四奶奶打头阵,跟脚就是琴珠,唐四爷殿后,小刘像个没爹没娘的孤儿,可怜巴巴地跟着。”茅盾《搬的喜剧》:“赵小姐似乎很可怜黄太太的无知。‘不是的。不是这么说的。“为民前锋”,是说保护老百姓,替老百姓打头阵’。”张贤亮《男人的一半是女人》:“这十年来,我这种人是一直给你这种人当陪衬,又是打头阵的。”

**打游击** 原指进行游击战,把部队分散开,对敌人进行小规模的神出鬼没的袭击。比喻进行没有固定地点的活动。也比喻到处奔走，没有具体落脚点。常含诙谐意。如：李满天《水向东流》一章：“冯洪瑞叫了一声‘好’，拍着手说：‘我出来打游击，没想到一打就打到你啦！真闹对符啦！’”曹奎春等《镇妖塔》：“当他拖着疲惫的身子回到市里，却无家可归，只能这两宿、那三宿地打游击。”

**打埋伏**　原指一种战术，把兵力隐藏起来，在适当的时机袭击敌人。比喻隐瞒实情或隐藏物资。如：冯德英《迎春花》一三章：“她并不是有意识为蒋殿人他们打埋伏，因为她根本不知道是怎么回事。”王剑《纵深地带》：“把自己的经验、教训，成功的喜悦和失败的痛苦，统统贡献出来，不准打埋伏。”巴波《搬家》：“国家收购这玩艺，我是猎民，不能打埋伏！”

**放冷炮**　原指乘人不备，突然发射使对方来不及提防的炮弹；比喻突然做出对方意想不到的事情，使对方陷于被动。如：赵树理《李有才板话》二：“小元道：‘我看咱们也不用管他“老村长的意思”不意思，明天偏给他放个冷炮，揽上一伙人选别人，偏不选广聚！’”

**开小差**　指军人逃离部队，或未经同意擅自离开（岗位或地方）。也比喻思想不集中。如：梁斌《红旗谱》二九：“大贵说：‘请什么假，我打前线上开小差跑回来。’”魏巍《东方》一部一三章：“要容我说，首先，我这就不能叫开小差。你问指导员，我给他讲过多少次啦。”马忆湘《朝阳花》六章四：“对不起，没有得到你的允许，我开小差回前方去了。在这里养伤一个来月，谢谢你们的照顾。”冯德英《苦菜花》一二章：“德强是不大爱唱歌的，思想‘开了小差’。他在想：‘写的信妈妈大约收到了吧？哈，她才高兴哩！’”

(4) 来自音乐方面的。如：

**定调子** 原指唱歌、演奏前先定准音调。比喻做某事前先确定基本观点或做法。如：周而复《上海的早晨》一部序三："身为'五反'检查队队长的杨健进厂以后，马上就定下一个调子：'我们要走社会主义的道路，就要改造民族资产阶级分子。'"

**唱高调** 比喻说不切实际，办不到或本来就不打算去做的漂亮话。如：《续孽海花》三九回："唐卿道：'……听说济宁对于老师的力持正论，以为唱高调。敬王虽然是钦佩老师的，然老师的主见，老王爷也有点认为是局外人的空言呢！'"郭沫若《虎符》一幕："你们总是不顾实际的唱高调，现今的你们几位大公子，什么平原君、春申君、孟尝君，都爱把国家的存亡来作为你们沽名钓誉的工具。"夏衍《赛金花》五场："别的条件，都可以承认，可是老佛爷肯向克林德的女人谢罪么？张之洞在南方唱高调，什么叫做两全之道！"

**吹喇叭** 比喻吹捧上司或有权势的人。如：张洁《沉重的翅膀》："她宁肯要赖不写，也不肯跟着那些挂羊头卖狗肉的理论家们吹喇叭。"

**敲边鼓** 比喻从旁帮腔助势，以促成其事。如：《官场现形记》三九回："宝小姐一直等他应允，方才收泪，另外坐下。跟手九姨太亦走进来，又帮着他说了两句'敲边鼓'的话。"夏衍《心防》二幕："我们只是从旁敲敲边鼓，这一年来戏剧界朋友们的努力，说起来实在是可歌可泣。"袁静、孔厥《新儿女英雄传》一八回："郭三麻子故意在一边帮着敲边鼓，和张金龙合唱了一台戏。"

（5）来自商业方面的。如：

**打折扣**　原指商品按原定价的一定比率降价出售。比喻没有完全按照原来规定的或承诺的去做。如：鲁迅《伪自由书·后记》："中国的事都要打折扣，文字也是一样。'白发三千丈'这就是一个天大的诳！这就得大打其折扣。"柳杞《长城烟尘》一二章："'完不成任务不来见你！'牛青山说，'任务打了折扣也不来见你！'"沙汀《风浪》："申大嫂名字叫何秀兰，身材瘦长，比申大哥起码高半个头。说话火辣辣的，而且说一是一，说二是二，绝对不打折扣。"

**摆门面**　门面：商店临街、接待顾客的房屋。指粉饰外表，追求形式上好看。如：叶钦《书生意气》："他情不自禁地站起来，把那摆门面的公文包捂在小腹上，慌慌张张，语无伦次地说……"

**打算盘**　原指拨打算盘珠子进行计算。比喻为谋取某种利益进行合计。也指打主意，动念头。如：《七侠五义》三四回："原来颜生的姑父叫柳洪，务农为业，为人固执，有个悭吝毛病，处处好打算盘，是个顾财不顾亲的人。"茅盾《有志者》三："一边踱着，一边就心里打起算盘来。"老舍《鼓书艺人》三："唐四爷摇了摇头，心里很快打开了算盘。"

**讲价钱**　原指买卖双方议论价钱，比喻在接受任务或谈判中提出条件或要求。如：梁斌《翻身记事》一："当然没说的，不能讲价钱。可是这辆车要是涡在泥沟里，你们可得来横起膀子推一把呀！"

**散摊子**　比喻团体、组织等解散。如：刘绍棠《京门脸子》二章五："上中学不到三个月，解放军包围北京，先打通州，学校散摊子，我才回到解放了的鱼菱村。”段世文《我国林业正处在一个前所未有的发展时期》：“部分林场甚至因为发不出工资而到了‘散摊子’的地步，在一定程度上挫伤了广大林业职工的积极性。”

（6）来自交通方面的。如：

**开快车** 比喻加快工作、学习等的进度。如：老舍《方珍珠》一幕：“帮姐姐快收拾屋子，待一会儿就得有人来。这两天咱们都得开快车，好上班子挣钱哪！”

**开倒车** 比喻违反历史发展的方向，向后退。如：鲁迅《且介亭杂文·中国语文的新生》：“和提倡文言文的开倒车相反，是目前的大众语文的提倡。”邹韬奋《沉闷的欧局与明朗的远东》：“我们要站在进步的一方面，不可跟着别人开倒车！”张恨水《啼笑因缘》续集八回：“樊太太笑道：‘叫一声妈就得了，都是崭新的人物，别开倒车。’”

**开绿灯** 原指打开绿色信号灯，表示可以通过。比喻允许通过，不加禁止或阻拦。如：巴金《关于〈激流〉》一：“有人反对，认为小说已经‘过时’，有人认为作者没有给读者指路，作品有缺点。争论不休以后，终于给小说开了绿灯。”程树榛《钢铁巨人》二四章：“这不是广州春节花市的鲜花，可供摆设的装饰品！作为技术负责人，他能轻意‘开绿灯’吗？何况总工程师还一再提醒他：‘脚步要放稳；太快了，会跌跟头的。’”

**上贼船** 比喻上了坏人的圈套。也比喻和坏人混到一起干坏事。如：《三侠五义》一一九回：“甘婆道：‘怎么大爷不认得，他就是怀宝呀。认了一个干兄弟，名叫殷显，更是个混账行子，合他女人不干不净的，三个人搭帮过日子，专干这些营生。大爷怎么上了他的贼船呢?”刘绍棠《瓜棚柳巷》五节:“姑娘,你姓什么,叫什么,哪个村的人?怎么被人贩子拐卖,上了他的贼船?”王厚选《古城青史》三回:“高云飞看到这个阵势,心里一阵发紧,这才如醉方醒,知道上了贼船,肚中暗暗叫苦。”

**走弯路** 比喻因方法不当或方向不明而导致失误。也比喻犯错误,受挫折。如:梁斌《谈创作准备》:“在语言问题上,我也走过一段弯路。”魏巍《东方》六部二章:“郭祥接着刚才自己的话说:‘当然,我们的感情也走了一段弯路。这主要是假象蒙蔽了她,使她一时没看清楚。’”罗广斌等《红岩》一七章:“陈松林又提醒道:‘千万不要任性!你晓得,我是走过弯路才接受教训的。’”

(7) 来自体育方面的。如:

**打擦边球** 擦边球:乒乓球比赛中的术语,指球的落点紧擦对方球台边沿,使对方很难接回来的球。比喻有意采取接近违规或违法而尚未违规或违法的行为。如:李景端《伪书横行呼唤出版诚信》:“出版界出现打擦边球现象,既有在社会转型时期因某些法规或规范不完善,导致有空子可钻这个原因,也显示出有些出版人受利益驱动、急功近利的浮躁心态。要解决这个问题,必须从制度建设、完善法规以及道德约束等方面综合治理。放任‘打擦边球’,是与建设‘绿色出版’的要求相违背的。”

**放马后炮** 马后炮:象棋术语,是象棋对弈中可以制胜的一步棋:马跳到与对方将(帅)平行的一定位置,后面放上炮,可以将死对方。比喻事后采取不起作用的行动,或提出于事无补的意见或办法。如：张恨水《金粉世家》九一回："既然知道他势在必走的，为什么早不报告一声？现在人走出八百里外去了，却来放这'马后炮'。"刘绍棠《夏天》一〇："'我们从前不是没有怀疑过，只可惜没有追查！'春枝非常懊丧地说。'不要放马后炮，现在要行动！'俞山松迅速地看了一下手表。"

**耍把戏** 本指表演杂技，比喻暗中施展捉弄人的手段。如：袁静、孔厥《新儿女英雄传》二〇回二："他表面上耍了许多把戏，叫老百姓看着好像日本兵都成了俘虏，就没有问题了。"冯德英《山菊花》下一三章："老兄，你耍的什么鬼把戏？你的房子多，凤凰、野鸡都养啊！"

(8) 来自饮食方面的。如：

**吊胃口** 原指设法引起人的食欲。比喻设法引诱人，使人产生某种兴趣、欲望。如：《孽海花》三〇回："叫我看得见，吃不着，吊得胃口火辣辣的，不怕我不自投罗网。"张欣《遗落在总谱之外的乐章》："他一直认为，阮利蓓是在用留广州这块诱饵吊他的胃口呢！"刘绍棠《十步香草》一三："接着，便略施小技，吊男人的胃口，几天不跟郓兰渚照面。"

**灌米汤** 原指强制人喝米熬的汤水；比喻用甜言蜜语恭维奉承、迷惑人。如：《官场现形记》一四回："胡统领还说了许多灌米汤的话。庄老爷答应着，又谢统领。"又二〇回："这知县后来又穿着新衣裳上辕禀见过几次。署院很拿他灌米汤，叫他先行回任，将来出个大点的缺还要借重。"陈登科《风雷》一部二二章："正当他情绪好转的时候，偏偏冒出个黄美溶来，把他从办公室里拖回去，甜言蜜语，灌了几大碗米汤。"

**吃干饭** 原指吃不带汤水的米饭，转指光吃饭不做事，多用来形容人无能或无用。如：水运宪《祸起萧墙》："你知道你的责任吗……人家成心卡我们，你是吃干饭的？"达理《路障》："直到现在，他才恍然大悟：李元初这个老倔头为什么骂他'吃干饭'了。"刘绍棠《敬柳亭说书》三章一〇："'我正要找他，给他提意见。''你喝过几滴墨水？别忘了自己能吃几碗干饭。'"

**吃大锅饭** 众人合伙在一个大灶里吃饭。比喻分配上搞平均主义，不论干多干少、干好干坏，待遇都一样。如：袁静《淮上人家》六章二九："'谁偷懒耍滑，照样能混……反正吃大锅饭，核桃枣儿一垒垒数，分不出青红皂白了。'老朱一番话，引得会场活跃起来了。"康濯《东方红》一章六："刚办农业社，可又想领着大伙儿吃大锅饭。这就年年碰钉子，直碰得他慢慢疲软下来，短不了嘻嘻哈哈对人说：'我这可有了点锻炼啦！可再也不敢莽撞冒进啦！'"

**啃骨头** 原指啃下骨头上难以脱落的肉。比喻解决难以解决的问题。也比喻得到别人剩下的好处。如：程树榛《钢铁巨人》一章："刘向华一拍台子，激动地向戴继宏道：'老戴，难道咱们车间真没种啃这块大骨头？'"刘绍棠《十步香草》一四："'你天生只配啃骨头！'郓兰渚的筷子狠敲了一下陈贵甲的脑壳，'娄凤兰全部收购，开价两万二，你不如给她当掮客，一口吃个胖子。'"

惯用语的来源，还有其他方面。总之，它与各行各业和日常生活的方方面面，都有密切联系。

# 四、惯用语的结构

## 1. 惯用语结构的基本类型

前面说过,惯用语属于非“二二相承”的描述性语言单位,在结构上有的是词组,有的相当于句子,包括单句和复句。这里所说的相当,是指惯用语作为语汇单位存在的时候,具有类似句子的结构,但没有一定的语调,不是完全意义上的句子。

从结构类型上看,惯用语可分为单语节型和双语节型两大类。这两大类下面又可根据结构特点、语法关系的不同,分成若干小类。

甲　单语节惯用语的类型

单语节惯用语字数不等,少的三、四个字,多的八九十来个字。根据结构又可分为词组型、单句型和复句型三种。

(1) 单语节词组型惯用语

根据组合成分所形成的语法关系,又可分为以下几种类型:

第一类　偏正词组型

A. 有的属于定心词组型,由定语和中心词组合成。如:

**两张皮**　〔例〕姚雪垠《李自成》一卷二四章:“这种人既为地主办事,做寨主的腿子,但也不愿得罪杆子,遇机会还想交几个江湖朋友。人们把这种人叫做两张皮。”王永顺《科技经济不能再“两张皮”》：“必须进一步完善科技成果评价制度，强化科技创新的激励机制，才能尽快解决科技和经济‘两张皮’的问题。”

**没嘴的葫芦** 〔例〕元·关汉卿《蝴蝶梦》二折：“浑身是口怎支吾，恰似个没嘴的葫芦的。”《西游记》三八回：“行者道：‘他就是个没嘴的葫芦，也与你滚上几滚。他敢道：“我是乌鸡国王。有甚逆天之事，你来拿我？”将甚执照与他折辩？’”《红楼梦》七七回：“袭人本来从小儿不言不语，我只说他是没嘴的葫芦。”艾芜《边寨人家的历史》：“我的哥哥是个泥菩萨，成天不开腔，你呢，你也是没嘴的葫芦，真叫人闷。”

**没笼头的马** 〔例〕《梼杌闲评》六回：“那两个已是顽劣不肯读书的。又添上这个没笼头的马。”《红楼梦》一一七回：“况且他们长辈不在家，便是没笼头的马了，又有两个旁主人怂恿，无不乐为。”李劼人《大波》一部一二章四：“掌柜已经变成没笼头的马了，你也要跑！都跑了，我看这批定货哪天才交得出去！”

**热锅上的蚂蚁** 〔例〕《红楼梦》一二回：“那贾瑞只盼不到晚上……直往那夹道中屋子来等着，热锅上的蚂蚁一般，只是干转。”金庸《连城诀》九章：“言达平笑道：‘这会儿多半他急得便如热锅上的蚂蚁一般，也顾不到来找我们了。’”

**泄了气的皮球** 〔例〕冯德英《苦菜花》一七章：“孔江子全身像泄了气的皮球，看着她那可怕样子，一腚坐下来。但一听街上的脚步声，立刻又紧张起来。他怕玉珍不死，又用她的裤腰带，在那黄细的脖颈上勒了一阵。”

B. 有的属于状心词组，由状语和中心词组成。如：

**两面光** 〔例〕《官场现形记》四九回："凡事不能光做一面，总要两面光。"陈残云《山谷风烟》三一章："'这人很密实，会要两面光。'金枝似乎很理解这个老奸巨猾的人。"

**随风倒** 〔例〕鲁迅《集外集·我来说"持中"的真相》："后者则是'骑墙'，或是极巧妙的'随风倒'了。"陈登科《风雷》一部一四章："我不是随风倒的人，好人坏人，我自己有眼睛也有耳朵。"草明《乘风破浪》四章："刚才他说那些话是很不好的，我们应该提醒他。总之，我们脑子随时清醒点，不要随风倒。"

**连锅端** 〔例〕魏巍《东方》五部七章："你在洞口挖，只能炸住一两个。他人多了，一定往里挤，你在里面埋上一个，就给他来个连锅端了。"张行《武陵山下》一七章一〇二："半腰里杀出一支解放军的小分队，打伤李荣厚，把那些'人质'放走了，还差一点把司令部也连锅端掉。"

**空口说白话** 〔例〕《二刻拍案惊奇》卷二八："你且两个去商量一商量，我明日将了银子，来与你现成讲兑。今日空口说白话，未好就明说出来。"《九命奇冤》二七回："杨氏当面见了李丰，求他设法。李丰道：'空口说白话，是不中用的。'"《世无匹》九回："空口说白话，有何用处。你且有了银子，再来算计。"茅盾《虹》四："我不是空口说白话，我是诚心诚意要学好，你要我怎样改，我就怎样！"

**往脸上贴金** 〔例〕老舍《二马》三段一三："不用往脸上贴金，见她和你握手，就想她爱你！她才有工夫爱你呢！吃我的冰吉凌顶好，不用胡思乱想！"黄日强《夺粮》四回："云奇当然想了解车行的历史情况，就点点头，道：'你讲讲吧！'凤江见云奇想听，就说：'你少往车行脸上贴金，好好讲吧！'"

**一棍子打死** 〔例〕巴金《二次的解放》:“他们妄想一棍子把我打死。我在最近那篇文章里讲过一点情况。他们对我用的方法是精神折磨和人身侮辱,最后是断送我的政治生命。”巴金《一封信》:“我还知道张、姚两人都是忽东忽西、时左时右,都善于摆出理论家的架势,把人一棍子打死,我曾经在一次大会发言中公开提过抗议。”

第二类 述宾词组型

由述语和宾语两个部分组成。这种类型的惯用语比较多。如:

**炒冷饭** 〔例〕周而复《上海的早晨》三部三五:“苦已经吃过了,现在生活蛮好了。讲良心话,阿英生活好,现在我的生活也不错,诉过去的苦派啥用场呢?还不是炒冷饭。”

**泼冷水** 〔例〕沙汀《欧幺爸》:“他恼怒地继续道:‘这个提提也就行啦,大家正在劲头子上,你跑来泼冷水!’”

**吃哑巴亏** 〔例〕老舍《四世同堂》六:“小崔一点也不怕他,不过心中可有点不大好受,因为他知道假若大赤包真动手,他就免不了吃哑巴亏。”冯德英《迎春花》一三章:“蒋子金伤痛怒火烧,但是找不到对头,又怕嚷出去闹得不光彩,只好吃哑巴亏。”

**耍嘴皮子** 〔例〕老舍《四世同堂》六五:“又开始嘲弄长顺,并且说到小崔太太是寡妇。不单这样耍嘴皮子,他还要立起来讲演一番。他看不起那些贺客,所以他要尽兴的发泄自己的无聊与讨厌。”张笑天等《追花人》:“现在,靠耍弄权术,耍嘴皮子是不行了,得要取信于全党,取信于人民,扑下身子真正地干。”

**卖狗皮膏药** 〔例〕赵树理《汪精卫的"和平"》："汪精卫却说得满漂亮，什么'和平'呀，'救国'呀，'新秩序'呀，等等。呸！尽管说得天花乱坠，谁不知道你是替日本人卖狗皮膏药。"茅盾《锻炼》二六："赵克久一时冲动从家乡到了上海，一时冲动又在那个钱科长的指挥之下鬼混了许多日子，但现在又想摆脱那种'卖狗皮膏药'的生活，却不是一时冲动，而是反复迟疑盘算的结果。"沙汀《淘金记》一一："'现在的话都是说得好听！'彭胖仿佛吵架似的插嘴说了，'简直像……卖狗皮膏药的一样！'"

**不知天高地厚** 〔例〕《红楼梦》一九回："宝玉笑道：'再不说了。那原是那小时不知天高地厚，信口胡说，如今再不敢说了。'"郭沫若《武则天》二幕二场："明崇俨并不是一个好人，只因他还会按摩，皇帝陛下需要他，所以经常让他在宫中行走。可是他越来越不知天高地厚。"巴金《我的幼年》："反抗的思想鼓舞着这只不知天高地厚的小鸟用力往上面飞，要冲破那个铁丝网。"

第三类　述补词组型

由述语和补语两部分组成。这种类型的惯用语比较少。如：

**矮半截** 〔例〕《红楼梦》七九回："薛蟠没了主意，惟自怨而已，好容易十天半月之后，才渐渐的哄转过金桂的心来，自此便加一倍小心，不免气概又矮半截下来。"刘绍棠《锅伙》一章："匈奴后裔刘姓自愿矮半截低一头，改祭阿斗刘禅的四子刘谌。"

**吃不开** 〔例〕草明《婚事》："你还是老脑瓜！现在的国家

根本和以往的大大不相同啦。过去是求情说面子，使洋钱；现在那一套吃不开喽！”丁玲《谈“老老实实”》：“而所谓老实人的确也是在旧社会中属于吃不开，四处得不到尊敬，连生活也难找到办法的人。”

**蒙在鼓肚里** 〔例〕周立波《山乡巨变》上七：“‘你这话是听哪一个说的？’‘都晓得了，只有你一个人蒙在鼓肚里。’”

**乱成一锅粥** 〔例〕梁斌《翻身记事》一三：“冯文光又急得喷着唾沫星子拍着膝盖说：‘我那好队长！你还不知道啊，乱成一锅粥了。’”刘绍棠《鱼菱风景》五：“芝秀娘哭天抢地，痛不欲生，又打又骂芝秀的爹；家里乱成了一锅粥，芝秀逃到了河边去。”

**摆到桌面上** 〔例〕黎汝清《皖南事变》代后记三：“我对所有材料都不抱成见，把所有争议客观地全部摆到桌面上，进行比较。”

第四类 连谓词组型

由两个动词短语组合而成。如：

**先打后商量** 〔例〕《初刻拍案惊奇》卷一四：“谁知北人手辣心硬，一不做二不休，叫得先打后商量。不论银钱多少，只是那断路抢衣帽的小小强人，也必了了性命，然后动手的。”明·柯丹邱《荆钗记》四六出：“先打后商量，问出你私情勾当，押发离府堂。文牒上明开供状，抵多少衣锦去还乡。”

**吃不了兜着走** 〔例〕《红楼梦》二三回：“茗烟又嘱咐道：‘不可拿进园去，若叫人知道了，我就吃不了兜着走呢。’”《续小五义》一五二回：“快把罗老叔送出来，是你等的造化。别等六老爷动火，那时你们吃不了兜着走。”茅盾《锻炼》八：“嘿，贻误戎机，莫说你们两个吃不了兜着走，连我也担个不是呢！”

**骑着驴找马** 〔例〕赵树理《杨老太爷》：“他说：‘有事倒有事做了，可是为什么不给家里兑个钱哩？’‘骑着驴找马嘛！管财粮还怕没有钱取？不要着急！以后缺不了你的钱花！’”刘绍棠《豆棚瓜架雨如丝》七章：“‘亲人，我跟你不是露水姻缘，要做长久夫妻。’‘我等着那一天。’‘你得依我三件事。’‘我百依百顺。’‘你不许吃着碗里，看着锅里，骑着驴儿找马，娶别的女人。’”

**带着铃铛去做贼** 〔例〕《新中国未来记》五回：“如今要办的实事，既是一点儿把握都没有，却天天在那里叫嚣狂掷，岂不是俗语说的‘带着铃铛去做贼’吗？”

**穿上新鞋走老路** 〔例〕谌容《光明与黑暗》：“这些老书记哟，都是这个毛病，穿上新鞋走老路。天县搞不好，根本问题就在这里。”方云琴《南国情天》二一章二：“几千年的封建社会，对中国的影响是根深蒂固的。如果我们不警惕，也会穿上新鞋走老路呢！”

第五类　兼语词组型

由一个述宾短语套一个主谓短语构成，其中述语的宾语兼作主谓短语的主语。如：

**赶笨鸭子上架** 〔例〕姚雪垠《李自成》三卷一〇章：“既然曹帅推我做主帅，好比赶笨鸭子上架，我不上架也不行。”

**拿大帽子扣人** 〔例〕赵树理《表明态度》一三：“永富气昂昂地走出去，走到门外还说：‘支部大会也只能按党章办事，不能拿大帽子扣人！’”

**拉住黄牛当马骑** 〔例〕吴强《红日》二章七：“‘派谁呀？

就派你！'沈振新说。刘胜站起身来，声音呛呛地说：'我怎么干得了？拉住黄牛当马骑，那行吗？'"

**有眼不识泰山** 〔例〕《水浒全传》二回："四个人坐定，一面把盏，太公起身劝了一杯酒，说道：'师父如此高强，必是个教头，小儿有眼不识泰山。'"《官场现形记》二五回："黄胖姑道：'你这人好不明白！到如今你还拿他当古董铺老板看待，真正"有眼不识泰山"了！'"张恨水《傲霜花》四六章："华傲霜听了这话，突然站起来，向她鞠了个躬道：'老太太，我有眼不识泰山，我真没想到你老人家在哲学方面有这样深的研究，这决不是平常念佛的信徒所能梦想到的话。'"

**棒打鸳鸯两分开** 〔例〕李晓明等《平原枪声》二〇："'我知道，你和马英不错，真是天生的一对。'杨百顺笑了笑说道，'只可惜棒打鸳鸯两分开，一个南一个北。'"

第六类　联合词组型

由语法性质、结构关系相同或相近的两个部分构成。如：

**脸红脖子粗** 〔例〕欧阳山《高干大》一二章："这时候，正碰上罗生明又在跟张四海争闹预借工资的问题，两人正吵得脸红脖子粗。"孙犁《第一个洞》："直到第二天吃早饭的时候，杨开泰才走回来，他很劳累，脸上有汗迹。老婆说：'你看，又和谁争吵来，脸红脖子粗的。'杨开泰只是笑了笑。"

**吹胡子瞪眼** 〔例〕柳青《种谷记》四："当她一提到插香来明心的时候，老汉吹胡子瞪眼了。"杜鹏程《在和平的日子里》一章三："一说话，感情就交流起来了；就是在吹胡子瞪眼的争吵中，情谊也在增长。"秦兆阳《在田野上，前进！》一八章："秋天来了，眼看收成很好，郭木山高兴了，骄傲了，不光说话爱吹胡子瞪眼，甚至连走路的姿势也不一样了。”

**认钱不认人** 〔例〕张孟良《儿女风尘记》一部一七：“他知道商人是不会同情他的，他们认钱不认人，所以他只是摆手，不回答掌柜的问话。”

**缺胳膊短腿** 〔例〕老舍《神拳》一幕：“夜猫子：我哥哥知道是秀才保的婚，很喜欢！姑娘真体面，不怪我哥哥夸奖她！高大嫂：唉，乡下小丫头，不缺胳膊短腿就是了！”老舍《残雾》一幕：“我把我的心血脑子全费在他的事业上，计划上；教他一天也少不了我；离开我，他就像缺了胳臂短了腿。”袁静、孔厥《新儿女英雄传》一七回：“区小队哗的跑上去抢枪。何狗皮早炸得没影儿了，只有三四个缺胳膊短腿的伪军，也摔了个远，都震死了。”

**横挑鼻子竖挑眼** 〔例〕老舍《龙须沟》三幕一场：“哼！你等着瞧！他在外面受了累回来，我的罪过可大啦！他横挑鼻子竖挑眼，倒好像他立下了汗马功劳，得由我跪接跪送才行。”刘绍棠《野婚》二八：“一天，贾文德带领左膀右臂，四大亲信，八大走卒，突然来到鱼菱村食堂；进门横挑鼻子竖挑眼，每人点了四个菜，而且不许有重样儿。”

(2) 单语节单句型惯用语

这种类型的惯用语，相当于一个单句。如：

**耳朵软** 〔例〕《红楼梦》六〇回：“这么大年纪，行出来的事总不叫人敬伏。这是什么意思，值得吵一吵，并不留体统，耳朵又软，心里又没有计算。”欧阳山《高干大》一〇章：“高生亮做人耳朵软，禁不起人家两三回要求，那几个人一面说，一面把钱塞进他的手里，他也就马马虎虎地接下了。”

**脸皮厚** 〔例〕曹禺《北京人》一幕："嗐，一点子东西。要不是我脸皮厚，这点东西早就——"张恨水《春明外史》一五回："这胡蝶脸皮挺厚的，便问笑红道：'你们笑我什么？'"刘绍棠《草莽》七："姑娘，你本是那桑家班的陶红杏，怎敢冒名顶替要当雨点儿的娘？走江湖的女子脸皮厚，也不该如此以假乱真，鱼目混珠呀！"

**狗咬狗** 〔例〕刘流《烈火金钢》一〇回："高铁杆儿和猪头小队长的这场狗咬狗，把大苹果、小香儿吓得直哭直叫，把何大拿也吓得说不出话来。"老舍《方珍珠》二幕："您说我们同行的狗咬狗，连这样我们还混不上饭吃呢！"

**瘦驴拉硬屎** 〔例〕林予等《咆哮的松花江》六章："咱们家六张嘴一个劳力，不算缺粮的困难户吗？亏你还有神气，瘦驴拉硬屎，逞啥能啊？"张笑天《严峻的历程》："话是这么说，未免有点瘦驴拉硬屎的样子，他放下耳机子，脸上现出一筹莫展的神情。"

**肉烂在汤锅里** 〔例〕《冷眼观》五回："见他们父子已成势均力敌之势，他还怕什么呢？再说句笑话，左右是肉烂在汤锅里。"李六如《六十年的变迁》一："凌翥翔心里虽也不免有点难过，但又觉得大家都输，反正是盟兄弟交恕一个人赢了，于是说：'横竖肉烂在了汤锅里，还不是一样。'"

**胳膊肘子往外弯** 〔例〕丁玲《太阳照在桑干河上》五四章："好哥哥兄弟们，咱们忘了是生死兄弟吗？怎么胳膊肘子往外弯？咱们要一条心。"

(3) 单语节复句型惯用语

结构形式是一个语节，但语义内容则表现为一种复句关系。常见的有以下几种类型：

第一类　条件关系型

惯用语的一部分表示有或没有某种条件，另一部分表示在这种条件下所发生的情况或产生的行为。如：

**有奶便是娘**　〔例〕鲁迅《我的第一个师父》："自然，这也是我所以爱她的一个大原因；用高洁的陈源教授的话来说，便是所谓'有奶便是娘'，在人格上是很不足道的。"

**不撞南墙不回头**　〔例〕刘绍棠《这个年月》七章："'嫂子一不是道长，二不是会头……'老龙套毕竟身为一村之长，多少有点政策观念。'她拉人下水，是个帮凶！''还是我帮你管教管教她。''这个娘儿们不撞南墙不回头！'"

**不见兔子不撒鹰**　〔例〕黎汝清《海岛女民兵》三章："今年我们不能像往年那样忍欺受骗了，我们是不见兔子不撒鹰，陈占鳌不答应我们的条件，我们就坚决不出海。"魏巍《东方》四部一一章："大家沉住气，不要慌！不见兔子不撒鹰，爆破手一定要接近了再打！"

**不见棺材不下泪**　〔例〕《金瓶梅》九八回："咱如今将理和他说，不见棺材不下泪，他必然不肯。"陈残云《山谷风烟》三五章："这家伙不见棺材不下泪，让他看看我们穷老仔的厉害。"

**无事不登三宝殿**　〔例〕《金瓶梅》九一回："小媳妇无事不登三宝殿，奉本县正宅衙内分付，说贵宅上有一位奶奶要嫁人，讲说亲事。"《活地狱》一五回："她婆媳二人接着，认得他是地保，无事不登三宝殿，今日此来，一定有事，便也不敢怠慢，立刻温出茶来，请他喝着。"冯德英《山菊花》下五章："萃女的两臂，交叉地抱在胸部处，说：'是不是你自己明白。''我是无事不登三宝殿！'孔庆儒的声音，威严而又逼人。"

第二类　让步关系型

惯用语的一部分讲某种假定性的事实，另一部分讲这种假定性事实的情况下发生的情况，或采取的行动。如：

**泰山压顶不弯腰**　〔例〕刘绍棠《这个年月》三五章："老人虽是个泰山压顶不弯腰的硬汉子，年过八十也变得婆婆妈妈心肠了。"谌容《万年青》三二："张兴不由得佩服地说：'好啊，这真叫泰山压顶不弯腰。'"

**打着灯笼没地方找**　〔例〕《红楼梦》一〇回："你要再娶这么一个媳妇，这么个模样儿，这么个性情的人儿，打着灯笼也没地方找去。"白危《垦荒曲》一部三六："按情理说，既是赵辛田出面，又是农场里的人，和小潘也认识，真是打着灯笼没地方找，那还有什么可挑剔的？"

**浑身是口也无处分辨**　〔例〕程树榛《钢铁巨人》一〇章："为了劝说妈妈别这么明打明来找领导就挨过骂的徐小柱，现在又碰到李大炮、小刘这样猛烈的轰击，真是又委屈又窝囊，浑身是口也无处分辨。"

第三类　转折关系型

惯用语由语义相反或相对的两部分组成，前一部分讲某种事实或现象，后一部分与前一部分相反或相对。如：

**吃力不讨好**　〔例〕茅盾《锻炼》一九："姚先生，明天你派别人弄饭菜罢！这种吃力不讨好的差使，我弄不来呀！"张恨水《京尘幻影录》一七回："王坦听他的口音，竟也想弄一个县知事……便笑道：'我想初回省，倒不必做那种亲民之官，恐怕是吃力不讨好，我的意见，就在省城里办一点事也好。'"

**中看不中吃** 〔例〕《西游记》二〇回："你这个老儿，忒也没眼色！似那俊刮些儿的，叫做中看不中吃。想我老孙，虽小，颇结实，皮裹一团筋哩。"《红楼梦》五八回："晴雯道：'什么"如何是好"，都撵了出去，不要这些中看不中吃的！'"欧阳山《三家巷》一："难怪人说长皮不长肉，中看不中吃！这才真是金玉其外，败絮其中呢！'"

**好心不得好报** 〔例〕《金瓶梅》九七回："这春梅道：'过往勾当，也罢了。还是我心好，不念旧仇。'经济道：'如今人，好心不得好报哩！'"张恨水《丹凤街》一七章："这个年月，好心不得好报。上次就为了大个子他们和童老五帮忙凑钱，几乎弄出了大乱子。"

**身在曹营心在汉** 〔例〕冯志《敌后武工队》二六章六："守卫十五号炮楼的这起子警备队，从小队长田光和武工队接上了'关系'，就经常见到武工队，接受武工队的教育，因此，个个也都变成了身在曹营心在汉的人。"吴有恒《山乡风云录》六章："烟屎爵喜说：'你真是身在曹营心在汉！捉到了那反贼，我一定向桃园堡报你的功。'"刘绍棠《水边人的哀乐故事》一二："那丫头身在曹营心在汉，许配了我却爱的是龙蛋子，我退还庚帖撕了婚书，正是成全了她。"

**身在福中不知福** 〔例〕老舍《四世同堂·饥荒》："真是身在福中不知福，这么好的孩子还要罚，要是没有他，你又不知道该怎么样了。"

第四类　因果关系型

惯用语前后两个部分语义上具有因果性。如：

**打骡子马惊** 〔例〕曲波《林海雪原》四："孙达得点头赞

成，'对！不捉老家伙，捉那个小炉匠。'说着一跷腿要翻墙进去，杨子荣拦住说道：'这样做，打了骡子马惊。"

**树倒猢狲散** 〔例〕《初刻拍案惊奇》二二："俗语两句说得好：'宁可无了有，不可有了无。'专为贫贱之人，一朝变泰，得了富贵，苦尽甜来滋味深长。若是富贵之人，一朝失势，落魄起来，这叫做'树倒猢狲散'，光景着实难堪了。"

**打着绵羊驹驴战** 〔例〕《金瓶梅》六九回："此是哥打着绵羊驹驴战，使李桂儿家中害怕，知道哥的手段。"

第五类　目的关系型

**打肿脸充胖子** 〔例〕巴金《谈〈秋〉》："他宁肯有病装健康人，打肿脸充胖子，不让任何一个人知道真实情况。"陈登科《风雷》一部三一章："万寿年急道：'你又听何老九他们吹大话了。他们都是打肿脸充胖子的人物。'"刘绍棠《这个年月》一六章："唐大姐儿当众碰了个大钉子，羞得无地自容，又想到自己本是打肿脸充胖子，更勾起了满肚子的悲酸。"

**杀鸡给猴看** 〔例〕老舍《四世同堂》四七："这不是捕瑞宣，而是打老英国的嘴巴！杀鸡给猴子看，哼！"郭沫若《反正前后》二篇二："他又何尝不知道我们也并不是可以左右全校的人，他不过使用了小小的权术，杀鸡给猴子看。"浩然《艳阳天》一二五章："无缘无故地扣人，的确有点杀鸡给猴看的嫌疑，很容易引起群众的不安，更不利于解决问题。"

第六类　连贯关系型

惯用语的前后两个部分在语义上是承接的，其中有个重复的语素，使得前后连接得更加紧密。如：

**现烧香现捏佛** 〔例〕龚昌盛《沉浮》二一："没有钱不碍

事。等南天门一开，财神不就送元宝来了吗？现烧香现捏佛哪能来得及。”

**哪把壶不开提哪把壶** 〔例〕梁斌《翻身记事》一二：“王天明说：‘什么工作都做过了，就是没有搞过土地改革呢！“耕者有其田”，这早晚又碰上了。咦！哪把壶不开提哪把壶！’”李晓明等《平原枪声》二五：“‘谁像你呢？捉了个老鼠当成猫。’小董开玩笑道。二虎接着说：‘算了，算了，哪把壶不开你提哪把壶。你还是哭鼻子去吧。’”

**说曹操曹操就到** 〔例〕赵树理《卖烟叶》：“话说到这里，外边有人叩了三下门。这种叩门的叩法有点别致：速度是不紧不慢的，声音是不大不小的。王兰一怔，低声说：‘说曹操曹操就到！这是贾鸿年！’”

乙　双语节惯用语的类型

双语节惯用语由两个语节组成，两个语节之间有明显的停顿，书面上中间多用逗号（，）或顿号（、）隔开。两个语节都是对偶并列式，结构方式和结构关系相同。如：

**茶不思，饭不想** 〔例〕《警世通言》卷二四：“我如今未曾读书，心意还丢他不下，坐不安，寝不宁，茶不思，饭不想，梳洗无心，神思恍忽。”《白鱼亭》五七回：“一家大小又哭了两三日，茶不思，饭不想。”刘绍棠《锅伙》一五章：“这些日子，小旦常犯戏瘾，就像大烟鬼犯起了烟瘾，六神无主，坐立不安，茶不思饭不想。打鸡骂狗，砸盆摔碗。”

**陈谷子，烂芝麻** 〔例〕《红楼梦》四五回：“可是我糊涂了，正经说的话且不说，且说陈谷子，烂芝麻的混捣熟。”老舍《老张的哲学》二四：“她把陈谷子，烂芝麻尽量的往外倒，她说上句，她兄弟猜到下句，因为她的言语……总是那一套。”李满天《水向东流》二四章：“人们吃了晚饭，不愿在炕上窝着，都来大槐树下一蹲，陈谷子，烂芝麻的就摆列开了。”

**挂羊头，卖狗肉** 〔例〕邹韬奋《变了什么花样？》：“这种心理当然有事实上的背景，那就是挂羊头卖狗肉的什么党什么派太多了，已使民众听了头痛，看了心惊。”李六如《六十年的变迁》一一章一：“他们这些家伙，都是挂羊头，卖狗肉，勾结帝国主义的坏东西。”杨沫《青春之歌》一部一四章：“真正的革命在哪儿呢？你接近的那些人可靠吗？——知道他们不是挂羊头，卖狗肉吗？”

“茶不思，饭不想”是由两个相同的主谓结构组合成的，“陈谷子，烂芝麻”是由两个相同的偏正结构组合成的，“挂羊头，卖狗肉”是由两个相同的述宾结构组合成的。这与单语节联合词组型的惯用语有明显的区别。试比较：

**人生地不熟** 〔例〕《情变》六回：“这里杭州地方，又是个人生地不熟的所在，将来怎生过活呢？”老舍《鼓书艺人》二二章：“咱们在重庆，人生地不熟。为了落个好名声，咱俩吃了多少苦，费了多大劲。”张恨水《夜深沉》三三回：“刘嫂，你坐着，咱们谈一会子罢。我人生地不熟的，一个人坐在这屋子里，闷死了。”

**陈猫古老鼠** 〔例〕《儒林外史》六回：“王德道：‘今岁汤父母不曾入帘？’王仁道：‘大哥，你不知道？因汤父母前次入帘，都取中了些“陈猫古老鼠”的文章，不入时目，所以这次不曾来聘。今科十几位帘官，都是少年进士，专取有才气的文章。’”

比较一下，可以看出，“人生地不熟”、“陈猫古老鼠”前后两个部分联系得比较紧，而且结构方式不同。

双语节惯用语可分为并列型和非并列型两种。分述如下：

(1) 双语节并列型惯用语

双语节惯用语的内部结构，有以下几种类型：

第一类 “主谓＋主谓”型

**人不知，鬼不觉** 〔例〕元·马致远《任风子》四折：“我只道人不知，鬼不觉，却原来你空叫咱空闹。”《初刻拍案惊奇》卷一一：“乘此暮夜无人，就烦你船载到那里，悄悄地埋了。人不知，鬼不觉。”《红楼梦》三一回：“正经明儿你打发小子问问王太医去，弄点子药吃吃就好了，人不知，鬼不觉，可不好？”老舍《火葬》六章：“军队调来了，军队又调了走。人不知，鬼不觉地来到，又人不知鬼不觉地开拔。”

**雷声大，雨点小** 〔例〕《金瓶梅》二〇回：“金莲听了，向玉楼说道：‘贼没廉耻的货！头里那等雷声大，雨点小，打哩乱哩！及到其间，也不怎么的。’”康濯《东方红》二章一：“又回过头去，看了西边不远在轰响着引河水浇地的锅驼机；那里也完全是雷声大，雨点小，抽上来的水少得可怜。”于逢《金沙洲》二部九：“黎书记来沙涌开过一次会，晚上开到十一二点钟。他高声大叫‘包下去’，大家都打瞌睡。他一直叫来叫去，大家一直等着，可是雷声大，雨点小，现在却连个屁都没有！”

**张家长，李家短** 〔例〕《水浒全传》二一回：“那婆子吃了许多酒，口里只管夹七带八嘈，正在那里张家长，李家短，说白道绿。”浩然《艳阳天》五〇章：“过了米，两个女人就坐在炕头上，就张家长、李家短，东一榔头、西一棍子地扯开闲篇了。”周而复《上海的早晨》一部序一："一见面，他们就把这一段时间厂里发生的事情以及张家长、李家短的情况一一告诉我。"

**大事化小，小事化了** 〔例〕艾明之《火种》一部一〇章六："你跟工人和气，说话总是笑咪眯的，你下去，工人心里就欢迎，大事化小，小事化了，问题就解决啦。"

**白刀子进去，红刀子出来** 〔例〕《儒林外史》三回："你每日杀猪的营生，白刀子进去，红刀子出来，阎王也不知叫判官在簿子上记了你几千条铁棍。"《老残游记》二〇回："今儿你们姐儿俩都伺候三爷，不许到别人屋里去！动一动，叫你白刀子进去，红刀子出来！"洪深《赵阎王》一幕："老李：谁他妈的不要发财的？别搅了人家的事，咱们白刀子进去，红刀子出来，送他妈的一条混蛋狗命上西天。"

第二类 "述宾＋述宾"型

**有一搭，没一搭** 〔例〕《红楼梦》一九回："宝玉有一搭没一搭的说些鬼话，黛玉只不理。"赵树理《李家庄的变迁》六："小喜是个酒色之徒，自己也不讲个大小，见哪家有好媳妇，就有一搭没一搭到人家家里闲坐。"梁斌《红旗谱》三四："从去年开始，才当起保长，管村里的事。今年包这镇上的税，也不过是有一搭没一搭的事。"

**经风雨，见世面** 〔例〕章含之《爱是不可以后悔的》："一下子就四年，四年里我就去经风雨见世面了。象牙塔没了，一切都没有了，都变化了。"刘绍棠《水边人的哀乐故事》四七："你经过了不少风雨，见过了许多世面，怎么发怒一哭，又原形毕露？"

**抛头颅，洒热血** 〔例〕丁玲《沉痛地告别过去，勇敢面向未来》："你宁肯抛头颅，洒热血，甚至被割断喉管，也不屈服一分。"

**睁一只眼，闭一只眼** 〔例〕黎汝清《皖南事变》四二章五："至于他的部下借机敲诈勒索、奸淫掳掠，他一向是睁一只眼闭一只眼的。"石秀印《中年人工作中的烦恼及其解除》："买东西时的分量不足，走路时让人碰了一下，交往时吃了点亏，碰到这些事情时，我们不妨'睁一只眼，闭一只眼'，不必往心里去。"

**捡了芝麻，丢了西瓜** 〔例〕梁斌《翻身记事》三〇："李蔚这个人物是个死不肯改，做起工作来还肯干，就是没有底数，常是捡了芝麻，丢了西瓜。"

第三类 "述补＋述补"型

**起五更，睡半夜** 〔例〕《醒世姻缘传》五六回："自从有了这调羹进门，这些一应服事，全倶倚仗他。他起五更，睡半夜与主母梳头、缠脚、洗面、穿衣、端茶、掇饭，再也没些怨声。"陈登科《风雷》一部一章："俺在外边，风里雨里，起五更，睡半夜，谁来疼过俺一下子？"

**哭不得，笑不得** 〔例〕《西游补》一五回："那将军道：'……家父行者曾走到家母腹中一番，便生了我，其为家父行者之嫡系正派，不言而可知也。'说得行者哭不得，笑不得。"《飞花咏》一四回："端昌听见两家俱是如此，真正是哭不得，笑不得，只叹了数声。"刘绍棠《地火》二："虎寅连忙又用身子挡住了他，嬉笑道：'儿呀，别过意不去；教子成龙，爹情愿挨打。'雷响娘哭不得，笑不得。"

**行得端，走得正** 〔例〕刘绍棠《豆棚瓜架雨如丝》三章：

"但是，徐老莲所拜的师傅，却是一位行得端、走得正，人品高尚的描容画匠。"

**远在天边，近在眼前** 〔例〕《镜花缘》四六回："多、林二人看了，这才晓得此山就是小蓬莱。多九公道：'怪不得那仙姑说"远在天边，近在眼前"，谁知今已到了。'"袁静《淮上人家》五章二五："老刘瞧了老积极一眼，笑着说：'远在天边，近在眼前，这不是个现成的好干部！又忠实可靠，又能坚持原则，还能联系群众，你愁什么啊！'"冯德英《苦菜花》一三章："'真的？'母亲半信半疑，紧看着儿子羞红的脸，问道：'你找的谁呀？''妈，你猜吧。远在天边，近在眼前。'德强孩子气地逗着母亲。"

**聪明一世，糊涂一时** 〔例〕老舍《骆驼祥子》一四："六十九岁的了，反倒聪明一世，糊涂一时，教一群猴儿王八给吃了！"刘流《烈火金钢》二〇回："他又暗暗地叫着自己的名字，解文华啊，解老转儿！都说你有七十二个心眼儿，九十六个转轴儿，可怎么你聪明一世，糊涂一时呢？"

第四类 "偏正＋偏正"型

分为"定心＋定心"型和"状心＋状心"型。

A. "定心＋定心"型，如：

**刀子嘴，豆腐心** 〔例〕马春《龙滩春色》五："村里人们都知道，别看秀英姑娘说话厉害，心地却善良，都说她刀子嘴，豆腐心。"刘绍棠《京门脸子》四章五："跳嫂刀子嘴，豆腐心，一挂热心肠儿；她跟谷大顺子一家，在我身上操心费力，二十年如一日。"

**一把屎，一把尿** 〔例〕《缀白裘·金锁记·思饭》："记得小时节，一把屎一把尿，抱大子俚。今日拿我是介光景。”王英先《枫香树》二二章：“那嫂子在他背后啐了一口，哼了一声，对林瑛说：‘你瞧瞧那小子！应名儿是我跟前的，一把屎一把尿地把他拉扯到这么大，差只差肚里少怀他九个月！’”王汶石《黑凤》四章：“瓦匠老婆尴尬而又不以为然地争辩道：‘啊呀，这娃！这可有啥使不得哩？你还是我一把屎一把尿拉扯大的呢！”

**七大姑，八大姨** 〔例〕冯德英《山菊花》下一二章：“他又动员‘三族’的七大姑，八大姨，各式各样的朋友、拜把磕头弟兄，到处打听风声，寻觅迹象。”李準《黄河东流去》一六章二：“还有什么大姑爷，二姑爷，媳妇娘家，儿子舅家，七大姑，八大姨，一来就是几大轿车。”

**一把鼻涕，一把眼泪** 〔例〕《官场现形记》五回：“大家见，一把鼻涕，一把眼泪，各人诉说各人苦处。”

B.“状心＋状心”型，如：

**不显山，不露水** 〔例〕刘绍棠《豆棚瓜架雨如丝》一三章：“于是，连日来她挖空心思，要想出一条不显山，不露水的锦囊妙计，自己不动窝儿，却叫老虎跳自投罗网找上门来。”李英儒《野火春风斗古城》六章一：“‘周伯伯，悄悄的！’小燕从帘外缩回头来。‘提防给苗太太听见呀。吵什么呢，背人的事，不显山、不露水就行呗！’”

**当面锣，对面鼓** 〔例〕《金瓶梅》五一回：“大姐道：‘他听见俺娘说不拘几时要对这话，他如何就慌了？要着我，你两个当面锣，对面鼓的对不是！’”《九尾龟》九五回：“以前既然有过这样的一重过节，如今薛金莲要嫁别人，怎么竟会和陶观察当面锣,对面鼓的这般明讲。”冯志《敌后武工队》二一章五:“我自己当面锣、对面鼓地去和他说,俺俩是一奶同胞,他的脾气、秉性我摸得最透。”

**风里来,雨里去** 〔例〕周而复《上海的早晨》二部三:“朱延年是风里来、雨里去的人,经过大风浪,见过大场面,这点小事体哪里会放在他的心上。”孙犁《风云初记》五〇:“整天价,风里来,雨里去,在那荒山野寺,面对着粉墙,一笔一画地工作。”

**往日无冤,近日无仇** 〔例〕《水浒全传》四一回:“宋江大骂:‘黄文炳! 你这厮! 我与你往日无冤,近日无仇,你如何害我? 三回五次,教唆蔡九知府杀我两个。’”《好逑传》九回:“这姓铁的与我往日无冤,近日无仇,我毁谤他做甚么?”

**三分像人,七分像鬼** 〔例〕宋·无名氏《张协状元》戏文:“作怪,我嫁你! 看你牛骨自不中,三分像人,七分像鬼。”《西湖二集》卷一六:“那金三老官倒有自知之明,见自己儿子丑陋不堪,三分像人,七分像鬼,也再不与他说亲,恐苦害了人家女儿。”

第五类 “连谓+连谓”型

**饭来张口,衣来伸手** 〔例〕谢觉哉《青年人怎样锻炼自己》:“这些人都是饭来张口,衣来伸手,四肢从来没有锻炼过。”周而复《上海的早晨》三部二〇:“朱延年一辈子娇生惯养,做惯了大老板,饭来张口,衣来伸手,吃的好,穿的美,哪里吃过这样的苦头?”

**上天无路,入地无门** 〔例〕《水浒全传》三四回:“不知是那个天不盖,地不载,该剐的贼,装做我去打了城子,坏了百姓人家房屋，杀害良民，倒结果了我一家老小；闪得我如今上天无路，入地无门。”《女仙外史》八五回：“她不去五贼自然要这样穷的，只怕要穷得上天无路，入地无门哩！”马忆湘《朝阳花》一章六：“爹爹真是上天无路，入地无门，不知道如何是好。”

**头痛医头，脚痛医脚** 〔例〕茅盾《锻炼》三：“他们简直就用小兵们的性命做自己的广告。什么都没有准备，没有计划，头痛医头，脚痛医脚！”邹韬奋《错误的眼光》：“要铲除这种不平等不合理的现象，须大刀阔斧的从大处落墨，不是头痛医头、脚痛医脚的办法所能奏效。”

**有福同享，有难同当** 〔例〕《官场现形记》五回：“从前老爷有过话，是‘有福同享，有难同当’。现在老爷有得升官发财，我做家人的出了力，赔了钱之外，只落得一个半途而废。”《文明小史》二〇回：“这个钱又不是归公的，横竖是你自己上腰，有福同享，有难同当，不要说只有这几个，就是再多些，我用了也不伤天理。”袁静《淮上人家》四章一六：“咱们有福同享，有难同当，大家能不能坚持一两天呢？”

(2) 双语节非并列型惯用语

双语节非并列型的惯用语，可参照复句的分类系统进行分析。如：

**不是鱼死，就是网破** 〔例〕峻青《马石山上》：“现在没有别的路可走，不是鱼死，就是网破！来吧，不愿意等死的跟我们来！”李荣德等《大雁山》一：“江兴海对大家说：‘不是鱼死，就是网破，咱们同他拼了。”李英儒《野火春风斗古城》二三章一：“实话告诉你，现在谈不到两全其美，不是鱼死，就是网破。”

**只听楼梯响，不见人下来** 〔例〕李凖《黄河东流去》五二章二："尽管大家说得有鼻子有眼，一个多月过去了，还是'只听楼梯响，不见人下来'。"

**没吃过猪肉，也看见过猪跑** 〔例〕《红楼梦》一六回："凤姐会意，因笑道：'你也太操心了，难道大爷比咱们还不会用人？偏你又怕他不在行了。谁都是在行的？孩子们已长的这么大了，"没吃过猪肉，也看见过猪跑"。'"

**万事俱备，只欠东风** 〔例〕《三宝太监西洋记》六六回："天师笑了一笑，说道：'昔日赤壁鏖兵之时，万事俱备，只欠东风。今日二位元帅又欠了西风。'"李晓明等《平原枪声》三〇："没等陈宝义说完，马英上去抓住他的手说：'伙计，你来的真巧，真是万事俱备，只欠东风，就差你了。'"

**过了这个村儿，没这个店儿** 〔例〕《儿女英雄传》九回："自古'不孝有三，无后为大'，况且俗语说的'过了这个村儿，没这个店儿'，你要再找我妹妹这么一个人儿，只怕你走遍天下，打着灯笼也没处找去。"

**一波未平，一波又起** 〔例〕《花月痕》二四回："牛氏道：'我如此分派，也为着你，只是你也该替我打算。'秋痕见他妈说起这些话，想到我命真苦，一波未平，一波又起，便歪着身眼去了。"张恨水《金粉世家》九四回："金太太站起来道：'这不是闹着玩的，这孩子怎这样胡闹起来？真是家门不幸，一波未平，一波又起。'"

**根不动，梢不摇** 〔例〕刘江《太行风云》四三："任凭别人有千条妙计，看来颠角牛心上有老主意一条。他根不动，梢不摇。"

"不是鱼死，就是网破"，是选择关系。"只听楼梯响，不见人下来"，是转折关系。"没吃过猪肉，也看见过猪跑"，是让步关系。"万事俱备，只欠东风"，是条件关系。"过了这个村儿，没这个店儿"，是假设关系。"一波未平，一波又起"，是递进关系。"根不动，梢不摇"，是因果关系。

此外，还有少数惯用语由三个语节或四个语节组成，如：

**眼观鼻，鼻观口，口观心** 〔例〕刘兰芳等《岳飞传》："到里边有规矩呀，得是眼观鼻，鼻观口，口观心，目不斜视，不许随便瞧。"

**上无片瓦遮身，下无立足之地，日无隔宿之粮** 〔例〕《济公全传》一二八回："李文龙只知道念书，不懂得营运，坐吃山空，家业萧条，一年不如一年，直过的上无片瓦遮身，下无立足之地，日无隔宿之粮。"

**大懒使小懒，小懒使门槛，门槛使土地，土地坐到喊** 〔例〕巴金《秋》四三："绮霞答应着，就转身出去了。觉英却在旁边笑起来，一面背诵谚语挖苦淑华道：'大懒使小懒，小懒使门槛，门槛使土地，土地坐着喊。'"

### 2. 惯用语结构的相对固定性

结构上具有相对的固定性，是语的共同特点，表现在惯用语上更为明显。一方面，惯用语具有固定的结构，这使它跟自由词组区别开来。另一个方面，惯用语的结构具有灵活性。

这里主要讨论惯用语结构的灵活性。

惯用语结构的灵活性主要表现在以下几个方面：

(1) 有的惯用语某个语素可以进行同义或近义替换

**大眼看小眼** 〔例〕《金瓶梅》七八回:"坐了一回,大眼看小眼,外边抬轿子的催着要去。玉楼见不是事,向袖中拿出一钱银子来,打发抬轿的去了。"《醒世姻缘传》三回:"养娘婢女搬唇撅嘴,大眼看小眼,说了几句淡话,空茶也拿不出一钟。"

**大眼望小眼** 〔例〕《儒林外史》三回:"众人拉他不住,拍着笑着,一直走到集上去了。众人大眼望小眼,一齐道:'原来新贵人欢喜疯了。'"

**大眼瞪小眼** 〔例〕张国庆《亲仇》一九:"第三发炮弹又没打出来,何石头这下可有点扎手了。他瞅瞅王大葫芦,王大葫芦瞅瞅他,大眼瞪小眼了。"

这种同义、近义语素的变换现象,不限于述语,有的宾语也可变换。如:

**打秋风** 〔例〕《好逑传》六回:"铁公子道:'我与县尊原非相识,又不是来打秋风,不过偶因不平,暂为一鸣耳。'"老舍《四世同堂》四四:"要是别人当了这么多日的科长,早就不知打过多少回秋风啦。"

**打抽丰** 〔例〕《红楼梦》三九回:"平儿答应着,一径出了园门,来至家内,只见凤姐儿不在房里。忽见上回来打抽丰的那刘姥姥和板儿又来了。"

**打秋丰** 〔例〕《三侠五义》一六回:"大人吩咐,叫他随着上京,沿途上伺候老太太。怎么把他也打扮打扮才好,这可打老爷个秋丰罢。"

**打抽风** 〔例〕《醒世恒言》卷二九:"那知县在衙中无聊,量道卢楠园中桂花必盛,意欲借此排遣,适值有个江南客来打抽风,送两大坛惠山泉酒,汪知县就把一坛差人转送与卢楠。"

《二度梅全传》九回："你看他二个人，必定是走江湖的……十有九分，是到知县衙门去打抽风的。"

又如：

**嚼舌根** 〔例〕《金瓶梅》一二回："妇人道：'就屈杀了奴罢了！是那个不逢好死的嚼舌根的淫妇，嚼他那旺跳身子。见你常时进奴这屋里来歇，无非都气不愤，拿这有天没日头的事压枉奴。"《红楼梦》一〇四回："宝玉摆手道：'不用言语。'袭人恨道：'小蹄子，你又嚼舌根，看我明儿撕你！'"

**嚼舌头** 〔例〕《红楼梦》六三回："不知道的人，再遇见那脏心烂肺的爱多管闲事嚼舌头的人，吵嚷的那府里谁不知道，谁不肯背地里嚼舌说咱们这边乱帐。"巴金《春》三章："绮霞，听见没有？叫你少嚼舌头。你不要看琴小姐是个客人，不好意思打骂你，就尽管欺负她。"茅盾《腐蚀》十一月十九日："我知道她话里何所指，只好笑了笑答道：'一定是陈秘书乱嚼舌头！'"

**嚼舌头根** 〔例〕《何典》五回："却说那形容鬼的家婆，叫做醋八姐，是个小人家出身，嘴花掠撇的专喜嚼舌头根，不甚贤惠。"

**嚼烂舌根** 〔例〕黎汝清《海岛女民兵》一二章："原来我以为臭三岛只不过是个坏女人，好招风惹草，幸灾乐祸，挑拨是非，嚼烂舌根。"

（2）有的惯用语结构成分可以拆开，插入其他成分

这种情况常见于述宾词组型的惯用语，述语和宾语之间多可拆开。如：

**碰钉子** 〔例〕《红楼梦》四五回："那图样没有在太太跟

前，还在那边珍大爷那里呢。说给你们，别碰钉子去。”《官场现形记》五一回：“那知东也碰钉子，西也碰钉子，一个钱没弄到，而且还受了许多闲气。”赵树理《三里湾》一：“他家的房子什么时候借给干部住过？我不去他妈跟前碰那个钉子！”

**碰软钉子** 〔例〕《二十年目睹之怪现状》三〇回：“总办碰了他这么一个软钉子，气的又不敢恼出来，只得和他软商量。”

**碰大钉子** 〔例〕茅盾《锻炼》九：“这两兄妹自从那晚上到国民小学碰了个大钉子以后，看见穿军装的，就觉得有点隔膜。”

**碰硬钉子** 〔例〕梁斌《红旗谱》二三：“严志和一听，碰了硬钉子，合上眼睛，头上忽忽悠悠地晕眩起来。”

**碰橡皮钉子** 〔例〕张恨水《京尘幻影录》一三回：“要说不干吧？老铁是一个大大的人情，给他碰一个橡皮钉子，他是不高兴的。”

又如“摆架子”，中间往往插入其他成分：如：

嘿！你这个小詹，居然也敢在我面前板起面孔，摆起架子来了！（陈登科《风雷》一部五四章）

这两位夫人，尤其是那位已经二十六七岁的总务处长的夫人，摆着十足的架子。（丁玲《在医院中》三）

他们还要在我们面前摆起前辈的架子，说我们没有子侄辈的礼貌！（巴金《家》二九）

戴继宏呢，也非常喜欢杨坚的踏实，不摆大学生的架子。（程树臻《钢铁巨人》一四）

老实而面情软的吴老六，本想和他好离好散，不料他还是那么心狠，还想摆以前那副臭架子。（胡正《汾水长流》二六

章）

像这种例子还可以举得很多。非述宾词组型的惯用语，有时也可以拆开，插入其他成分。如：

**撅屁股就知道拉什么屎** 〔例〕刘绍棠《锅伙》四章："黄狗杂儿，撅屁股我就知道你拉什么屎！你是吃着碗里看着锅里，吃腻了我这五花三层红烧肉，又想尝一尝汉根媳妇那缺油少盐的大酱拌杨芽？"魏巍《东方》四部二三章："依我看，他们不过是一些老鼠，苍蝇，蚊子，跳蚤，他们老觉着钻在黑窟窿里搞阴谋别人不知道，其实他们比猪还蠢，撅撅尾巴我就知道他拉什么屎！"

"撅屁股就知道拉什么屎"第1例里作"撅屁股我就知道你拉什么屎"，插入"我"和"你"；在第2例里作"撅撅尾巴我就知道他拉什么屎"，把"屁股"改为"尾巴"插入"我"和"他"。

(3) 有时可以改变结构关系或调换语序

**黄土埋了半截** 〔例〕老舍《全家福》一幕："井奶奶……你不明白呀，我们这上了年纪的人，从前遇见的净是惨事儿！现在呀，你们叫我这黄土埋了半截的老婆子心里老热乎乎的！"

**黄土埋到脖子** 〔例〕魏巍《东方》中四部九章："现在眼看黄土已经埋到我的脖子这儿了，我已经闻到土腥气了，就是受罪还能再受几天？"

**半截身子入土** 〔例〕胡正《汾水长流》一七章："说得倒好听，就是真像你说得那么好，妈这半截身子入土的人，也没甚想望了。"王玉胡等《绿洲凯歌》："我阿西木已经是半截身子入了土的人了，可是我仍然白天黑夜地替大伙喂马，这又是为了什么？我是为了社。"

**土埋大半截**　〔例〕刘绍棠《鱼菱风景》四："我土埋大半截，穷够了！临死之前，非要富一下子不可！"

**土在头边香**　〔例〕张恨水《丹凤街》三章："我这大年纪，土在头边香，吃一顿算一顿，倒不讲求什么。"

（4）结构形式可以扩展或紧缩

**大事化为小事，小事化为没事**　〔例〕《红楼梦》六二回："话说平儿出来吩咐林之孝家的道：'大事化为小事，小事化为没事，方是兴旺之家。要是一点子小事便扬铃打鼓，乱折腾起来，不成道理。"

**大事化小事，小事化无事**　〔例〕《糊涂世界》四回："要想走人情，到他那里想法子，包可以大事化小事，小事化无事。"

**将大事化为小事，小事化为无事**　〔例〕姚雪垠《李自成》二卷六章："大家想着，杆子头领看见闯王的中军持他的亲笔书信抚慰，总可以心中服帖；将大事化为小事，小事化为无事。"

**大事化小，小事化无**　〔例〕《小五义》三九回："自我姓智的到山，无论寨主、喽兵、头目犯罪，我去讲情，大事化小，小事化无，占个'仁'字。"老舍《四世同堂》四："他很会说话，遇到住户们打架拌嘴，他能一面挖苦，一面恫吓，而把大事化小，小事化无。"

**大事化小，小事化了**　〔例〕艾明之《火种》一部一〇章六："你跟工人和气，说话总是笑眯眯的，你下去，工人心里就欢迎，大事化小，小事化了，问题就解决啦。"陈登科《风雷》一部二八章："想来想去，唯一的好办法是大事化小，小事化了，掩护下美溶，也就是保全了自己。"

**大事化小小化无**　康濯《水滴石穿》八："大事化小小化无呀！人家张山阳还嚷叫着说是申玉枝给他栽赃，说是怎么也得揭开来洗洗清哩！我好不容易才说服了他啊！"

**大化小，小化无**　〔例〕《官场现形记》二七："凡事总要大化小，小化无。羊毛出在羊身上，等姓贾的再出两个，把这件事平平安安过去，不扰结了吗？"

"大事化小，小事化了"或"大事化小，小事化无"，这是通常说法。可扩展为"大事化小事，小事化无事"、"大事化为小事，小事化为没事"或"将大事化为小事，小事化为无事"；也可紧缩或省略为"大事化小小化无"或"大化小，小化无"，体现了惯用语较强的口语性特点。

# 五、惯用语的语义

惯用语的语义，指的是惯用语的内容，是惯用语所要表示的意义。下面讨论惯用语语义的特点、惯用语语义的结构和惯用语语义的类聚。

## 1. 惯用语语义的特点

惯用语的语义具有描绘性、抽象性和惯用性等特点。

（1）描绘性

惯用语是描述性的语言单位，表明它具有描绘和陈述两种功能，其中，描绘功能是主要的。惯用语的描绘手法，常见的有以下几种：

第一类　白描法

白描法，指的是明叙直陈或如实描绘，不加渲染烘托的手法。如：

**一边倒**　〔例〕梁斌《翻身记事》三：有时他也感到苦恼，可是因为他下不了决心，越陷越深，最后还是一边倒了。张贤亮《河的子孙》一章："当然，我也知道，过去，一阵风，一边倒，一刀切，一言堂，这四个'一'害死了咱们！"刘绍棠《十步香草》二八："这位老兄现在已经不再一边倒，但是却抱定'宁拆十座庙，不拆一门亲'的宗旨，只想当个和事佬。"

**贪财不要命**　〔例〕刘绍棠《豆棚瓜架雨如丝》三三章："花

狗儿想了又想，也只有这条路可走，便贪财不要命；还乡团每回行动，他比谁的兴致都高，有时单枪匹马，更是穷凶极恶。”陈舜臣《大江东流》：“他扫了一眼诏书，就知道是假的。‘用诏书赚钱，真是贪财不要命了。’”

**面和心不和** 〔例〕《说唐全传》五六回：“徐茂公往下一看，那些众将多是贾柳店结拜的朋友，谅来不肯伤情，独有罗成与他面和心不和。”丁玲《母亲》一：“三个弟媳妇，她就没有一个满意的。尤其是头两房，大家都是面和心不和。”

**有百害而无一利** 〔例〕《扫迷帚》一九回：“戏会灯市，滋游惰之风，贻文明之玷，作奸盗之媒，长嬉戏之习，有百害而无一利。”郭沫若《高渐离》一幕：“认真说，喝酒实在是只有百害而无一利的。”周而复《上海的早晨》三部二六：“他犯不着冒这个危险，并且这件事对他有百害而无一利。”

**没有功劳，也有苦劳** 〔例〕陈登科《风雷》一部二六章：“祝永康哈哈大笑道：‘党派我来黄泥乡就是工作，这叫啥的功劳。’李学成上来抓住永康的手腕，说道：‘斟上，斟上，没有功劳也有苦劳。’”周而复《上海的早晨》三部五〇：“你忘记了吗？阿英是我介绍她进厂的。学海和她结婚，我也喝了喜酒。阿英的事，我没有功劳，也有苦劳。”

“一边倒”指完全倾向于对立中的一方。“贪财不要命”指贪图钱财，连命都可以不要。“面和心不和”指表面上和睦，内心却有意见，互不相容。“有百害而无一利”指有许多害处，但没有一点好处。“没有功劳，也有苦劳”指虽然没有什么功劳，但也付出了辛苦，多少做了一些事情。这些都是采用白描手法。

第二类　引申法

由本义引申出新的意义。如：

**一把抓**　〔例〕夏衍《考验》一幕："丁纬：老杨，我看你还是老脾气，什么事情都是一把抓，自己劳碌，也不让人家休息。"王厚选《扭曲的爱情》："别看生产队长才芝麻粒儿上锯解的小官儿，但人财物一把抓。"徐云鹏《"一把手"未必事事一把抓》："'一把手'不应该经常被日常信访工作中的'救火'所拖累，事无巨细，事必躬亲，统统自己一把抓，这不是科学领导方法。"

**赔老本**　〔例〕姚雪垠《李自成》二卷二五章："幸而今天没有把你自己的老本儿赔上；要是赔了你的老本儿，那关系可就大啦。"胡正《汾水长流》一三章："郭守成总是不相信赵玉昌会赔了老本，更不忍心他那两布袋粮食就这样白白丢掉。"

**一手托两家**　〔例〕《儿女英雄传》二六回："人家作媒是拿把蒲扇，姐姐作媒是拿把刀！一手托两家，当面鼓对面锣，不问男家要不要，先问女家给不给。"刘绍棠《敬柳亭说书》二章六："我家老爷子一手托两家，请万老掌柜把守玉小姐许配给韩秀大爷；珠联璧合，美满良缘。"

**拿鸡毛当令箭**　〔例〕《糊涂世界》一一回："外省的官场最会扯弄，拿了鸡毛当令箭，不要理他，只管挡驾罢了。"刘绍棠《花天锦地》二："艾和好却不想跟她和好，拿着鸡毛当令箭，粗声大气发号施令，并且身先士卒，头一个冲进垄去。"冯苓植《神秘的松布尔》二三："刚才竟来指挥我了，让搬这弄那，拿着鸡毛当令箭。"

**一不沾亲，二不带故**　〔例〕周而复《上海的早晨》三部三〇："我讲我的话，与你不相干。我同你一不沾亲，二不带故，怎么干涉起来了！”徐本夫《降龙湾》二三章：“人家岳队长虽然和你一不沾亲，二不带故，可他的心是滚滚烫人哪！”李满天《水向东流》三〇章：“万福叹口气说：‘碰上了说个闲话儿，一不沾亲，二不带故，人家和咱近乎什么！’”

“一把抓”指对一切事都不放手，全由自己管，也指做事不分轻重缓急、主次或先后，一齐下手。“赔老本”把最初投入的本钱都赔光了，也指丧失了原有的基础和积累。“一手托两家”指一人同时接受双方的嘱托，为双方办事。“拿鸡毛当令箭”指假借某种名义，进行发号施令。“一不沾亲，二不带故”指没有什么亲情交往关系。这些意义，都是从原义引申、推衍出来的。

第三类 比喻法

由于经常用作比喻，成为固定的比喻义。如：

**打掩护** 〔例〕赵树理《卖烟叶》：“谁要是没有过了这一关，他的基本行为就仍是旧思想指导着，学得的一些新词汇、新道理，恰好能给自己的旧思想、坏打算做伪装、打掩护，让别人一时摸不透他的底。贾鸿年正是这一种人。”李满天《水向东流》三五章：“他心里有了鬼，还不赶紧巴结个靠山，替自己打掩护！”

**旧瓶盛新酒** 〔例〕郭沫若《甘愿做炮灰》一幕：“‘旧瓶盛新酒’，我看，倒也不失为一种办法。皮簧剧在社会上的根底很深，决不是可以消灭的东西。我们在目前倒可以尽量地利用。”赵树理《秧歌剧本评选小结》：“在今天决不能仍是‘旧瓶装新酒’使内容受到限制，当然更不能完全是旧戏了。”沙汀《淘金记》一七：“使事情获得合理解决的是白酱丹。他提议龙灯可以不玩，倘若把狮子改成麒麟，笑头玩一个象征太阳的元宝，这就没问题了。这是一个旧瓶子装新酒的办法。”

**过了河就拆桥** 〔例〕《红楼梦》二一回：“平儿咬牙道：‘没良心的东西，过了河就拆桥，明儿还想我替你撒谎！’”《醒世姻缘传》一四回：“那个晁大舍这城里是第一个有名的刻薄人。他每次是‘过了河就拆桥’的主子！”

**皇帝不急，急死太监** 〔例〕秦纪文《再生缘》三六回：“丽君想：映雪要急坏了，这才叫皇帝不急，急死了太监！”

**黄梅不落青梅落** 〔例〕《西游记》四七回：“三藏闻言，止不住腮边泪下道：‘这正是古人云：黄梅不落青梅落，老天偏害没儿人。’”

“打掩护”，原指作战中设法牵制、迷惑敌军，以保护主力部队完成任务。比喻掩盖、隐瞒坏人坏事，也比喻掩盖事实真相。“旧瓶盛新酒”原指把新酒装在旧的瓶子里，比喻用旧的形式表现新内容。“过了河就拆桥”，比喻事刚成，就把帮助过自己的人甩开。“皇帝不急，急死太监”，比喻当事人不急，手下人或非当事人却急得要命。“黄梅不落青梅落”，比喻年轻人比年老人早去世。多指儿辈比父辈早亡。（《西游记》第四十七回描写唐僧师徒取经途中，在车迟国元会县陈家庄听一位陈姓老者哭诉：有个叫灵感大王的，要当地百姓每年搞一次“祭赛”，“要一个童男，一个童女，猪羊牲醴贡献他。他一顿吃了，保我们风调雨顺；若不祭赛，就来降祸生灾”。老者只有一个女儿，他弟弟只有一个儿子，眼看都要被灵感大王吃掉。唐僧听了很同情，引用古人话说：黄梅不落青梅落，老天偏害没儿人。）

第四类　借代式

由于经常用作借代，形成了固定意义。如：

**掏腰包**　〔例〕老舍《四世同堂》二六："他没想到蓝东阳会这么滑头，不通情理，教他操心领队，而还得自己掏腰包吃午饭。"刘绍棠《锅伙》一九章："以后，每逢赌场失利，他都掏金榜的腰包。"

**磨嘴皮**　〔例〕李劼人《大波》三部八章一："这一晌，她们成日都在家里拉猫儿头，忙得气都出不赢，哪有空来找人磨嘴皮?"王汶石《黑凤》一章："你们俩老伯，一对儿，一个半斤，一个八两，全都是'保'字号的，既没干劲，又没协作精神，放下工作不干，却在这儿磨嘴皮子。"

**喝墨汁**　〔例〕《红楼幻梦》一四回："老老道：'人家做戏上的戏，这是园里的园。'黛玉对岫烟低低说道：'难为他，不知喝了几辈子的墨汁，才说出这两句趣话来。'"刘绍棠《野婚》一六："我这个小妹子喝了墨汁有了文化，哪一疙瘩哪一块都比得过你们这二位学生小姐!"

**好心当成驴肝肺**　〔例〕杜鹏程《保卫延安》一章七："猛的，马全有身边一个战士气鼓鼓地说：'怎么的，你倒把好心当成驴肝肺!'"丁玲《太阳照在桑干河上》三三章："真是好心当着了驴肝肺，好人不得好报呀！这可把人冤枉死了。"

**你走你的阳关道，我走我的独木桥**　〔例〕《楼中楼》九回："黛玉道：'你也勿要来问奴，奴也勿来问你，你走你格(的)阳关道，奴(我)走奴格独木桥。'"李凖《黄河东流去》二七章五："那好吧！从今以后，你走你的阳关道，我走我的独木桥。咱们就各走各的道吧!"

"掏腰包"里的"腰包"指代钱包,在腰包里掏钱,指拿出钱来,也指小偷从别人腰包里偷钱。"磨嘴皮"里的"嘴皮"指代说话,指白费口舌,进行无意义的争辩,也指说废话。"喝墨汁"里的"墨汁"指代文化,指认识了字,有知识。"好心当成驴肝肺"里的"驴肝肺"指代极坏的心肠,指好心被当成了恶意。"你走你的阳关道,我走我的独木桥"里的"阳关道",原指经阳关往西域的大道,指代有光明前途的路;"独木桥",原指用一根木头搭成的小桥,指代艰苦的道路。指彼此各走各的路,也指互不相干。

第五类　夸张法

故意言过其实,用夸大的言辞来形容事物。如:

**虎口上捋须**　〔例〕《禅真后史》二三回:"瞿琰道:'这官人是甚缙绅,倚势害民,州县官员何不参究?'主持伸舌道:'谁敢虎口上捋须!'"刘绍棠《瓜棚柳巷》八:"人人都知道柳家父女拳脚厉害,又看守得严密,没人敢在太岁头上动土,老虎嘴上拈须,所以这些年从来没有丢过瓜王。"

**丢在九霄云外**　〔例〕《水浒全传》九回:"说时迟,那时快,薛霸的棍恰举起来,只见松树背后雷鸣也似一声,那条铁禅杖飞将来,把这水火棍一隔,丢在九霄云外。"《金瓶梅》一七回:"西门庆只在房里动旦,走出来,又走进去,忧上加忧,闷上添闷,如热地蚰蜒一般,把娶李瓶儿的勾当丢在九霄云外去了。"

**打在十八层地狱**　〔例〕《通天乐》七回:"'魇魅法',予不知起初出自何人传授,予又不知昔人作此害人之法,抑有何益? 始作俑者,致令流毒无尽。自当打在十八层地狱,永不得超升。"郭沫若《四谈蔡文姬的〈胡笳十八拍〉》:"《胡笳十八拍》，多少年来没人提起过，仿佛是已被打进了十八层地狱。”雪克《战斗的青春·后记》：“她找我干什么？就是要把我和我的小说扣上叛徒和‘宣扬叛徒哲学’的帽子，打入十八层地狱。”

**打落牙齿只往肚里咽** 〔例〕《醒世姻缘传》四八回：“这六十日里边，不是打骂汉子，就是忤逆公婆。这狄宾梁夫妇，一则为了独儿独妇，百事百忍；二则恐人笑话，打了牙只往肚里咽。”《何典》六回：“那女眷吃了亏，只得打落牙齿望肚里咽，再也不敢响起。”郭沫若《洪波曲》九章三：“为了团结，为了大敌当前，顾全抗战，只好‘打落牙齿和血吞’！”

**拳头上站的人，胳膊上走的马** 〔例〕元·李文蔚《燕青博鱼》三折：“我是个拳头上站的人，胳膊上走的马，不带头巾男子汉，丁丁当当响的老婆。”《醒世恒言》卷三四：（老娘）“却替老公争气。前门不进师姑，后门不进和尚，拳头上立得人起，臂膊上走得马，不像你那狗淫妇。”张恨水《丹凤街》三章：“我何老头子穷虽穷，是拳头上站得住人，胳臂上跑得了马的。”

“虎口上捋须”，形容人胆大，敢于触犯强者。“丢在九霄云外”，指把东西扔到很远的地方，不见踪迹。形容把某事物忘得一干二净。“打在十八层地狱”，指给予最严厉的惩罚，使之陷入最深重的苦难之中，永世不得翻身。“打落牙齿只往肚里咽”，指吃了亏、受了委屈说不出口，只好藏在心里忍受。“拳头上站的人，胳膊上走的马”，形容胸怀坦荡，意志刚强，旧时女子多用来表示自己坚贞。这些都是用的夸张手法。

第六类　拟人法

把动物当作人，赋予人的思想感情或动作行为。如：

**老鼠见了猫** 〔例〕《醒世姻缘传》一四回："听见媳妇吆喝了两声，通像老鼠见了猫的一般，不由的就瘫化成一堆了。"《醋葫芦》二回："成圭虽然酒醉，耳边到底惧怯，心里到底知事，一闻妻子声音，却像老鼠见了猫儿，'咕噜'跳将起来。"梁斌《播火记》三六：（两个老头）"像老鼠见了猫儿，不敢说什么。"

**老鸦嫌猪黑** 〔例〕《清夜钟》七回："一日，王氏在房恨道：'我受这淫妇气，怎了？倒老鸦嫌猪黑起来。'"克非《春潮急》四二："老鸹骂猪黑，你就不是牛贩子么？"

**瞎猫碰到死老鼠** 〔例〕王汶石《黑凤》一二章："黑凤说着，从怀里掏出一个花手帕，她把手帕展开，露出一块一眼望去就知道质量很好的生铁来。月艳笑道：'恐怕也是瞎猫碰到死老鼠。'"梁斌《翻身记事》三六："这真是瞎猫碰上死老鼠。头一次学耩棉花，怎么能耩得好！"老舍《四世同堂》七七："想了好大半天，他噗哧的一笑：'蒙着锅儿来吧！到时候再说！'这么一想，他决定去见东阳。他觉得瞎猫碰见死耗子是最妥当的办法。"

**癞蛤蟆想天鹅肉吃** 〔例〕《醒世恒言》卷二八："那吴衙内也因夜来梦魂颠倒，清早就起身，开着窗槅，观看贺司户船。这也是癞蛤蟆想天鹅肉吃的妄想。"《红楼梦》一一回："癞蛤蟆想天鹅肉吃，没人伦的混账东西，起这个念头，叫他不得好死！"

**鸡来迎鸡，狗来迎狗** 〔例〕鲁迅《又是"莎士比亚"》："经他的贵手一取舍，杜衡先生的名文一发挥，却实在使我们觉得群众永远将是'鸡来迎鸡，狗来迎狗'的材料，倒还是被迎的有出息。”

“老鼠见了猫”，比喻弱者见到了强者，形容十分惧怕的样子。“老鸦嫌猪黑”，指老鸦自身羽毛够黑了，却要嫌弃猪黑，常用来讥讽人嫌弃与自己有同样毛病的人。“瞎猫碰到死老鼠”，比喻偶然凑巧地获得成功。“癞蛤蟆想天鹅肉吃”，指地上的癞蛤蟆居然想吃在空中飞翔的天鹅的肉，常用来形容人痴心妄想。“鸡来迎鸡，狗来迎狗”，不论是鸡还是狗，来了都欢迎，形容人没有是非观念，对什么人都以礼相待。这些惯用语，都把动物当成人来描绘，用的是拟人法。

（2）抽象性

惯用语的实际意义的形成，要经历语义从描绘性到抽象性的转化，即由实变虚，由具指到泛指。这是惯用语语义形成的另一个特点。如：

**打落水狗**　〔例〕鲁迅《坟·论“费厄泼赖”应该缓行》：“今之论者，常将‘打死老虎’与‘打落水狗’相提并论，以为都近于卑怯。”老舍《四世同堂》六八：“他们没想到，晓荷会搬到六号院子去。不过这点失望并没有发展成仇视与报复；他们都是中国人，谁也不好意思去打落水狗。”茅盾《子夜》七：“这不是打落水狗吗？三先生欠公道。”

**翻老皇历**　〔例〕刘绍棠《水边人的哀乐故事》四一：“日新月异，瞬息万变，翻不得老皇历。”程树榛《钢铁巨人》一〇：“咱不能净翻老皇历呀……不能走其他国家技术发展的老路，跟在别人后边一步一步爬行。”张行《武陵山下》四章一九：“不是爷爷爱翻老皇历，俗话说，老人不讲古，后生会失谱嘛！”

**手无缚鸡之力**　〔例〕《水浒全传》三九回：“萧让道：‘山寨

里要我们何用？我们两个手无缚鸡之力，只好吃饭。’”《儒林外史》四九回：“万中书道：‘这个品貌，原是个奇人，不是那手无缚鸡之力的。’”丁玲《母亲》四章：“我们手无缚鸡之力，又无管仲之才，你们看从兴中会起，多少次的发难，没有一次是成功了的。”

**东扯葫芦西拉瓢** 〔例〕《卢梭魂》九回：“你醒醒去罢，不要在这里东扯葫芦西拉瓢，混说醉话了。”程树榛《钢铁巨人》八：“老太太要举例来为自己的论点作证，但老头却不耐烦了：‘好了，好了！别东扯葫芦西拉瓢的了，我们还有正经事哩！’”

**过五关，斩六将** 〔例〕许杰《惨雾》中：“三哥不比麻皮加来一般，是随便说话的；他一说定这一句话，就是‘过五关斩六将’，也要把它做到的。多理见他毅然的决定了，就喜得跳起来。”魏巍《东方》六部一三章：“原来是他正在那里眉飞色舞地吹嘘他的‘过五关斩六将’呢。”刘流《烈火金钢》二八回：“卖瓜的多会儿也不说瓜苦！关公就老说过五关斩六将，没有听他说过夜走麦城。”

“打落水狗”，原指痛打掉在水里的狗，后经抽象，泛指痛击已经失势但并不甘心失败的坏人。“翻老皇历”，原指翻阅过时的皇历，后经抽象，泛指用过时的旧眼光看待新事物，也泛指按老经验老规矩办事或重提过去的事情。“手无缚鸡之力”，原指人连捆只鸡的力气都没有，泛指人文弱，没有力气。“东扯葫芦西拉瓢”，原指东拉西扯，泛指不着边际地闲聊。“过五关，斩六将”，原指闯过五道关口，斩杀六员守将。(《三国演义》第二十七回：关羽被曹操俘获后，身在曹营但心念旧主，听说刘备在河北，即单枪匹马护送刘备家属甘、糜二夫人离曹而去，一路上闯过曹操控制的五个关口，斩杀六员守将，终于与刘备相会。后泛指历经险阻困难，也泛指值得夸耀的不平凡的经历。）

有些古代传承下来或反映历史事件和故事的惯用语，也往往具有抽象性。如：

**莫须有** 〔例〕《醒世姻缘传》九八回："娘家的人当不起休书里面写得义正词严，连自己的娘家把这'莫须有'的事也信以为真。"茅盾《蚀·追求》八："他又指摘第二项理由是以'莫须有'的罪名加人，有失爱护青年之旨。"罗广斌等《红岩》七章："妒忌，本来就是一种恶劣的人之常情。真的，这很可能是一种打击，说特务接近了联络站，只是一种莫须有的借口。"

**乱点鸳鸯谱** 〔例〕刘绍棠《凉月如眉挂柳湾》六："'你们可真会乱点鸳鸯谱！'艾蒿又羞又恼，'她是我晚辈，难道你们就不怕被人耻笑？'"刘绍棠《这个年月》三一章："'我无官一身轻，更用不着跟她打交道。''她建议你当县人大常委会主任。''这个女人乱点鸳鸯谱！'"黎云《流行色》："人事部门真是乱点鸳鸯谱，把您这么一个好老师调出来打杂。"

**大意失荆州** 〔例〕陈登科《淮河边上的儿女》六："快吧！不要大意失荆州，我们不要靠圩边走，奔南河底去。"刘绍棠《野婚》四七："金裹银儿死要面子活受罪，被儿媳偷营劫寨，大意失荆州。"

**死诸葛吓走生仲达** 〔例〕鲁迅《且介亭杂文末编·续记》："近两年来，大开了印卖遗著的风气，虽是期刊，也常有死人和活人合作的，但这已不是先前的所谓'骸骨的迷恋'，倒是活人在依靠死人的余光，想用'死诸葛吓走生仲达'。"刘绍棠

《水边人的哀乐故事》七:“黑锅大哥,死诸葛吓退了活司马,您入土六十天,我才敢到您坟前请罪。”

**成也萧何,败也萧何** 〔例〕元·无名氏《赚蒯通》一折:“小官看来,此人不是等闲之辈。恁的一个楚霸王,尚然被他灭了,况今军权在手,倘有歹心,可不觑汉朝天下,如同翻掌。这非是我成也萧何,败也萧何,做恁的反复勾当。”《三宝太监西洋记》四五回:“王神姑,我和你也做夫妻一场,你怎么就闪我到这个田地!成也萧何,败也萧何。”刘绍棠《这个年月》三一章:“‘是谁打我的小报告?’‘成也者萧何,败也者萧何。’不言自明,必是安柳男无疑。”

“莫须有”,出自《宋史·岳飞传》,据载:奸臣秦桧诬陷岳飞谋反,韩世忠不平,质问秦桧有没有证据,秦桧回答说“莫须有”。韩世忠说:“莫须有”三个字,怎能使天下人信服?原指也许有、恐怕有,后泛指凭空捏造(罪名)。

“乱点鸳鸯谱”,出自《醒世恒言》卷八《乔太守乱点鸳鸯谱》所描写的故事:杭州医家刘秉义,生有一男一女,男名刘璞,聘孙寡妇女珠姨;女名慧娘,受聘于药铺裴老九的儿子。吉期将到,刘璞突患重病,孙母怕耽误女儿终身,让珠姨弟玉郎乔装代姊去应付。刘母因刘璞病重,以刘璞妹慧娘代替。洞房之夜,玉郎与慧娘同床。几天之后,发现差错,产生纠纷。杭州府乔太守自作媒人,顺水推舟,判玉郎与慧娘正式结为夫妇;判裴老九的儿子与玉郎原聘的未婚妻徐氏结亲,结果皆大欢喜。后用“乱点鸳鸯谱”泛指胡乱给人配成夫妻,也泛指不根据情况乱安排事情。

“大意失荆州”,出自《三国演义》第七十五至七十七回描写的故事：镇守荆州的蜀国大将关羽，看不起东吴孙权任命的“偏将军、右都督”陆逊，说孙权“见识短浅，用此孺子为将”，于是放松了警惕，把荆州的守军撤出来去攻打曹军将领“征南将军”曹仁把守的樊城（今湖北襄樊）。陆逊连夜将此报知孙权。孙权立即拜吕蒙为大都督，率领大军“长驱大进，径取荆州”。关羽知道中计之后，急忙回师想夺回荆州，结果兵败，荆州也丢失了。后用“大意失荆州”泛指由于麻痹大意，造成重大损失。

“死诸葛吓走生仲达”，语本《三国志·蜀志·诸葛亮传》“亮疾病，卒于军”裴松之注引《汉晋春秋》：“杨仪等整军而出，百姓奔告宣王，宣王追焉。姜维令仪反旗鸣鼓，若将向宣王者，宣王乃退也。百姓为之谚曰：‘死诸葛吓走生仲达。’”《三国演义》第一〇四回描写：诸葛亮临终时吩咐部将，他去世后，把他生前所雕木像安放在车上，当司马懿率兵来追时推到军前。果然，司马懿通过观天象以为诸葛亮已死，便领兵赶来。忽然山后一声炮响，喊声大震，“懿大惊失色。定睛看时，只见中军数十员上将，拥出一辆四轮车来；车上端坐孔明：纶巾羽扇，鹤氅皂绦。懿大惊曰：‘孔明尚在！吾轻入重地，堕其计矣！’急勒回马便走。”原用此语称赞诸葛亮大智大勇，死有余威。今泛指活人利用死人的余威，或死人仍有吓唬活人的余威。

“成也萧何，败也萧何”，原指韩信的成功和失败都是萧何一手造成的。此语早在宋代就已流行。宋·洪迈《容斋续笔》卷八：“（韩）信之为大将军，实萧何所荐，今其死也，又出其谋，故俚语有‘成也是萧何，败也是萧何’之语。”《五代史平话·

晋》也作了解释："韩信得萧何之荐，乃王齐（韩信曾被刘邦封为齐王），便是'成也萧何'也……吕后与萧何谋……使武士缚（韩）信斩之，夷其三族，便是'败也萧何'也。"今多泛指成败或好坏都由某人造成。

（3）惯用性

有些惯用语的语义是人们在运用中习惯形成的，它们的理据不充分，或者很难确定。这主要是指一些从珠算或算术口诀中转过来的一些惯用语。如：

**一退六二五** 〔例〕欧阳山《三家巷》二七："陈家的老的、小的，只是个一退六二五，说他们做买卖的人素来不结交官府，推得干干净净。"康濯《东方红》五章一："我说占富哥，没错儿——就得板上钉钉，硬巴巴一退六二五！"

**三下五除二** 〔例〕《儿女英雄传》三六回："安公子自从去年埋首书斋，偶然在家闲一刻，便见她姐妹两个，三下五除二的不离手，五亩七分半的不离口。"老舍《四世同堂》五五："三下五除二的，她和东阳结了婚。"柳杞《长城烟尘》八章："三下五除二，那几门大炮一忽儿就给埋好了。"

**三一三十一** 〔例〕《三侠五义》二回："好好儿的'二一添作五'的家当，如今弄成'三一三十一'了。你到底想个主意呀。"《官场现形记》四回："倘若别人，我们须得三一三十一的分派，现在是你三大人，我们兄弟分上，你尽着他使罢。"张恨水《春明外史》七七回："我想和敝亲商量，并案办理，代用券换下来的现金，就三一三十一，各人分一点，留得看电影吃小馆。"

**不管三七二十一** 〔例〕《初刻拍案惊奇》卷一一："忽一

日……只见一班应捕拥将进来，带了麻绳铁索，不管三七二十一，望王生颈上便套。”鲁迅《两地书》一二：“我因为自己好做短文，好用反语，每遇辩论，辄不管三七二十一，就迎头一击。”老舍《离婚》八：“我告诉你，大妹妹，不管三七二十一，和他们嘴是嘴，眼是眼，一点别饶人，他们管保不闹了。”

“一退六二五”本是珠算斤两法口诀。旧制一斤十六两，十六除一是0.0625。“退”是“推”的谐音。借指把责任推卸得干干净净。“三下五除二”原为珠算口诀，用来形容做事或动作干脆利落。“三一三十一”原为珠算口诀“三一三剩一”，即用三除十，得三剩一，后用来指平均分成三份。“不管三七二十一”指不顾一切，也指不管是非情由。它们都是一种习惯说法，结构固定性很强，语义也已约定俗成。

惯用语语义的惯用性在一些有惯用结构的惯用语里，表现得更为突出，如“东……西……”结构的惯用语，语义就带有明显的惯用性。试看：

**东不是，西不是** 〔例〕曹禺《日出》一幕：“你一进门，就斜眼看着我，东不是，西不是的，你说我这个不对，那个不对。你说了我，骂了我，你简直是瞧不起我，你还要我立刻嫁给你。”

**东倒吃羊头，西倒吃猪头** 〔例〕《精神降鬼传》五回：“仗着那虎头，东倒吃羊头，西倒吃猪头，世上真一无须这狗头。”吴强《堡垒》一一章四：“俗话说：‘东倒吃猪头，西倒吃羊头。’你呢？什么头也吃不到。”

**东不成，西不就** 〔例〕《荡寇志》九六回：“他说那老父在日，原来寻个书香人家，如今年纪大了，与其东不成西不就，不如拣个稳当的将就些罢了。”张恨水《金粉世家》八五回：“别提了，赔了。回来之后倒是有几处邀她，她是让你捧起面子来了，为了戏码子，东不成西不就。”黄谷柳《虾球传》三部："吴猛道：‘我回到广东来，东不成，西不就，没有一样生意做得成，无奈何，又钻进这个桐油缸来。桐油缸，装桐油，真没办法，连长你好吧？’”

**东说向东，西说向西**　〔例〕《西游记》四六回："那国王着实昏乱，东说向东，西说向西。真个收了关文。”

**东踢一脚，西踢一脚**　〔例〕老舍《青年突击队》三幕一场："刘海清：对！咱们俩明天上班以前，就去看一遍，然后跟各工种商量一下，谁的料应当摆在哪儿，全不碍事！小陈：那就省得我东踢一脚，西踢一脚喽！”

**东一句，西一句**　〔例〕《续小五义》一〇二回："左一杯右一杯，三人吃着酒，就谈论些个武艺，马上步下，长拳短打，直吃到交三鼓，把徐良吃了一个大醉，身躯乱晃，说话的声音也就大了，东一句西一句，也不知谦逊些什么。”老舍《上任》："大家东一句，西一句，扯得非常亲热。”张恨水《京尘幻影录》三回："陶融真没有法子往下辩了，就是要辩，人家东一句，西一句，也教他无从辩起。”

**东一张，西一望**　〔例〕《醒世姻缘传》五七回："只见小琏哥果然跑在门外，把一双小眼东一张，西一望，没见晁思才在跟前，放开心走在街上。”

“东不是，西不是”，指这也不是，那也不是，什么都不对。“东倒吃羊头，西倒吃猪头”，指倒向东家可以吃羊头，倒向西家可以吃猪头，旧时比喻官吏既敲诈原告又敲诈被告，也比喻事情不论怎么样，总会有所获。“东不成，西不就”，指什么事情也没有办成，多指择偶、择业或办事不顺利。“东说向东，西说向西”，形容人没有主见，听人一说就改变主意。“东踢一脚，西踢一脚”，形容人行动没有明确目标和步骤，什么都做一点儿。“东一句，西一句”，形容谈话没有中心，随意闲聊，也形容人多嘴杂。“东一张，西一望”，形容向四周察看的样子。它们的语义都具有惯用性。

### 2. 惯用语语义的结构

关于惯用语的语义结构，下面从“字面意义和实际意义”、“基本意义和附加意义”两个方面进行分析。

（1）字面意义和实际意义

有些惯用语字面意义和实际意义相一致，如：

**有一句说一句** 〔例〕《金瓶梅》九一回：“小媳妇是本县官媒，不比外边媒人快说谎。我有一句说一句，并无虚假。”梁斌《烽烟图》三六：“今天咱们都是朋友相见，简短截说，有一句说一句，说一句算一句，我严知孝向来不说废话。”

**一代不如一代** 〔例〕《红楼梦》二回：“这还是小事。更有一件大事：谁知这样钟鸣鼎食之家，翰墨诗书之族，如今的儿孙，竟一代不如一代了！”鲁迅《致杨霁云》：“阮大铖虽奸佞，还能作《燕子笺》之类，而今之叭儿及其主人，则连小才也没有，‘一代不如一代’，盖不独人类为然也。”金庸《倚天屠龙记》八：“程坛主道：‘昆仑派自从灵宝道长逝世之后，那是一代不如一代，越来越不成话了。’”

**惟恐天下不乱** 〔例〕曹禺《王昭君》二幕：“在呼韩邪单于统一了匈奴后，他是个极不得志、惟恐天下不乱的人。”赵树理《关于〈邪不压正〉》:“流氓更喜的是浑水摸鱼,惟恐天下不乱。”

**乘兴而来,败兴而返** 〔例〕《西湖二集》卷一一:“廷之遂弃了县尉,欲归家间将琼琼骸骨埋葬,告辞了上官,收拾起身。正是:乘兴而来,败兴而返。”《三侠五义》五三回:“蒋平对着荒丘,又叹息了一番,将身跪倒,拜了四拜,真个是‘乘兴而来,败兴而返’。”刘绍棠《二度梅》九:“哥哥和翠菱又请那位乡亲长辈打圆场,想跟洛文和青凤重新和好。洛文当然满心乐意,青凤却大哭大闹:‘我们不想沾他们的光,他们也别背我们的黑锅!’那位乡亲长辈又乘兴而来,败兴而归。”

**你有千条计,我有老主意** 〔例〕李凖《黄河东流去》三三章一:“不过人还是在自己。‘树直不怕影子歪’,‘你有千条计,我有老主意’,你总不能把我吃了,也不能把我扒个坑埋了!”

“有一句说一句”,指有一句话就说一句话,有什么说什么。“一代不如一代”,指下一代不如上一代。“惟恐天下不乱”,指只怕天下还乱得不够。“乘兴而来,败兴而返”,指兴致勃勃地来,却扫兴地回去。“你有千条计,我有老主意”,指对方不论采用什么办法,都不能改变自己的主意。这些惯用语,都是采取白描手法,字面意义和实际意义相一致。

不过这类惯用语不占多数。多数惯用语字面意义只是它的语源意义,一旦成为惯用语之后,字面意义就不起作用,抽象性的虚指或泛指义才是它的实际意义。试看下面例子:

①老太太那边的门早已关了。老爷正在厅上看南京来的东西,那一条路定难过去。如今只好走后门。(《红

楼梦》一二回）

②真是，偷天换日，跟侦探小说里的情节差不多了。那么，妈，你更不用着急，明天也还不是一样么？反正是走后门呵！（茅盾《第一阶段的故事》六）

③有一次老方病重，一时住不进医院，他却千方百计走后门让他住进去。（高晓声《我的两位邻居》）

④这样下去的人就不会安心，就托关系走后门，争取造一点进工厂，吃商品粮。（丁玲《文学创作的准备》）

⑤一不会拍马屁，二不懂走后门，所以上学招工，年年都没有唐春早的份儿。（刘绍棠《蛾眉》一）

例①里的“走后门”，是指从后门走，用的是字面意义，属于自由词组，不是惯用语。例②—⑤用的是“走后门”的抽象意义：比喻利用私人关系或采用不正当手段，通过内部关系达到某种目的。“走后门”才成为惯用语。传说宋哲宗赵煦死后，蔡京担任宰相。蔡京竭力排斥、贬抑前朝的官员，不让他们的子女出仕和入京，引起人们强烈不满。一次，朝廷设宴，一个大官据案中坐，传判各事，一个属官上前低声禀报：“现在国库发下的俸钱一千万，都是元佑钱文，如何处置？”这位大官略作沉思，悄悄地答复：“那就走后门，从后门搬进来吧。”从此就有了“走后门”的说法。

这种情况，在惯用语里具有普遍性。

例如“烧高香”，如果用的是字面意义，指在神像、佛像前烧长而粗的香，求神佛赐福或感谢神佛，那是自由词组，如：

①五龙湖边，有一香火池，池内焚黄纸，烧高香，青烟缭绕。（石文生等《大佛寺传说》）

②这如今也都是成双作对的，连珠大嫂子守了这些年的寡，昨儿老太太还教他和大哥哥的灵魂儿亲热亲热，想来他们都是前世烧了高香的。（《续红楼梦》二〇回）

这里的"烧高香"就不是惯用语，而是自由词组。再看下面两例：

①你的事情，高司令派人给我说了，能够官复原职，这太好啦。其实，只要有你这个人在，咱们就算烧高香啦！（李英儒《野火春风斗古城》一五章二）

②要是咱这条路上修下年这样好心的队长，老百姓还不乐着烧高香。（冯志《敌后武工队》八章）

这两例里的"烧高香"，"烧"与"高香"结合成为结构相对固定的语言单位，从中抽象出一个新的意义，表示十分感谢或感谢不尽，从而成为惯用语。

由此可见，许多惯用语的语义并不具有"双层性"。

这一点，与谚语有所不同。如谚语"种瓜得瓜，种豆得豆"，字面意义是指种下什么，就会收成什么。深层意义是比喻造什么因，就会得什么果。佛教用来指因果报应不爽语。如：

①俗话说："种瓜得瓜，种豆得豆。"播什么种子，自然就会有什么收获。（刘彦林《三月潮》九章）

②今天播下了仇恨的种子，经过鲜血的灌浇，明天收获的是千年万代的冤仇。这叫做："种瓜得瓜，种豆得豆，谁家种仇谁家收。"（吴越《括苍山恩仇记》一六回）

例①"种瓜得瓜，种豆得豆"指播什么种子，自然就会有什么收获，用的是字面意义，例②"种瓜得瓜，种豆得豆"比喻"谁家种仇谁家收”，用的是深层意义。但它们都是谚语。这说明，谚语可以具有“双层意义”，即浅层义（字面意义）和深层义（引申义或比喻义）；而惯用语的字面意义（作为词组时的意义），往往是语源意义，只有从语源意义抽象出来的意义，才是实际意义。

（2）基本意义和附加意义

许多惯用语的实际意义，除了基本意义之外，还有色彩意义，包括形象色彩和感情色彩。惯用语的形象色彩，下面讲惯用语的修辞作用时再讨论，这里着重讨论惯用语的感情色彩。

惯用语的感情色彩，可以概括为三种类型：

第一类　贬义型

贬义型惯用语多表示厌恶的感情色彩。如：

**耍花招**　〔例〕老舍《全家福》二幕：“我们事事都要以诚相见，你刚才不该对李大妈耍这种小花招儿！”艾明之《火种》一部八章二：“李迈亭软硬兼施耍了不少花招，工人就是不肯让步。”

**皮笑肉不笑**　〔例〕巴金《秋》一九章：“王氏看见陈姨太的粉脸上皮笑肉不笑的神情，知道陈姨太在挖苦她。”茅盾《锻炼》三：“伯谦回过头去，又皮笑肉不笑地对仲平夫人说：‘洁修这孩子也太爱管闲事了。’”柳青《创业史》一部三章：“从那时起，郭世富记恨郭振山了，离远看见他，就绕道走了。不得已见了面，皮笑肉不笑，说话慢吞吞，爱说不说。”

**一个鼻孔出气**　〔例〕《醒世姻缘传》六回：“那晁住媳妇就是合珍哥一个鼻孔出气，也没有这等心意相投。”《东欧女豪杰》三回：“从此民贼的种类，有了大的，又有小的，总是自私自利，同着一个鼻孔出气。”孙犁《风云初记》一七：“他心里明白：到县里去，吉凶未卜。虽说自家的儿媳妇是个委员，可也不见得就和他一个鼻孔出气儿。”

**女不女，男不男** 〔例〕元·王实甫《西厢记》二本楔子：“我经文也不会谈，逃禅也懒去参，戒刀头近新来钢蘸，铁棒上无半星儿土渍尘缄。别的都僧不僧，俗不俗，女不女，男不男。”《红楼梦》六三回：“从来没见拜帖上下别号的，这可是俗语说的‘僧不僧，俗不俗，女不女，男不男’，成个什么道理。”

**人不像人，鬼不像鬼** 〔例〕《平妖传》四回：“这老乞婆人不像人，鬼不像鬼，这般时候却来问老爷取药，教他挨过一夜也不肯，好意劝他出去，到叫起屈来。”《十二楼·拂云楼》：“万一人不像人，鬼不像鬼，倒把个如花似玉的女子搄是门去，送与那丑驴受用，有甚么甘心。”陈登科《风雷》一部三章：“春芳道：‘胡桃子，不讲理，思想坏。人不像人，鬼不像鬼，整天在外边，东集赶到西集，谁不知她。’”

“耍花招”，指卖弄小聪明，也指玩弄狡诈手段。“皮笑肉不笑”，指虚伪地、阴险地或勉强地装出笑容。“一个鼻孔出气”，指相互串通一气，也指彼此观点、态度一致如同出自一人。“女不女，男不男”，指既不像男子，又不像女子，形容人打扮得不伦不类，也形容事情不合常规，不像样子。“人不像人，鬼不像鬼”，形容人的相貌丑陋古怪，也形容人行为不端或生活艰难困苦、过着非人的生活。这些都含有厌恶的感情。

第二类 褒义型

褒义型惯用语多表示赞许的感情色彩。如：

**鸡窝里出凤凰** 〔例〕刘绍棠《花街》九：“蓑嫂冷笑一声，

说：‘鸡窝里出凤凰，我们伏天儿念完小学堂，他的老师还要带他进城赶考，中学堂里金榜题名。’”刘心武《钟鼓楼》一章：“说起来真是‘鸡窝里飞出金凤凰。’这荀磊完全不像他父母那样五大三粗，黑皮糙肉，竟长得苗条秀气。”

**行得端，走得正** 〔例〕刘绍棠《豆棚瓜架雨如丝》三章：“但是，徐老莲所拜的师傅，却是一位行得端，走得正，人品高尚的描容画匠。”浩然《艳阳天》七四章：“虽说他的媳妇死了好几年，在东山坞可是走得正，行得端，没听到过什么闲言碎语。”

**抛头颅，洒热血** 〔例〕梁斌《烽烟图》一四：“二十几岁的青年人，对祖国的山河抱有很深的留恋，如今到了最后的时刻，要在汉奸卖国贼们的屠刀之下抛掉头颅，洒尽热血了。”李晓明等《平原枪声》四一：“为了革命，多少同志洒热血，抛头颅，我们为什么就不能这样做？”

**上山捉虎，下海擒龙** 〔例〕《儿女英雄传》九回：“安公子先跳起来道：‘姑娘，你有甚么为难的事，只管说！慢讲“上山捉虎，下海擒龙”，就便“赴汤蹈火，碎骨粉身”，我安龙媒此时都敢替你去作！”老舍《女店员》：“每逢看见她，我就想，要有这么个女朋友啊，叫我干什么去我都去，上山打猛虎，下海擒蛟龙。”

**明知山有虎，偏向虎山行** 〔例〕明·聿云氏《量江记》一三出：“明知山有虎，偏向虎山行。这汉子往那里去？”

“鸡窝里出凤凰”，比喻条件差的家庭的或环境差的地方出了优秀的人才。“行得端，走得正”，指人走正路，作风正派。“抛头颅，洒热血”，指为了信仰或事业而流血牺牲。“上山捉虎，下海擒龙”，形容人不怕艰难，敢冒生命危险去做一切事情。“明知山有虎，偏向虎山行”，指明明知道有危险，却偏要冒险前行，形容人胆识过人，不畏艰险。这些惯用语都带有赞许的口气。

第三类　中性型

中性型惯用语表示不贬、不褒的感情色彩。如：

**找出路**　〔例〕丁玲《生活、思想与人物》：“等到我出世不久，我父亲就死了，我们家穷了，我跟随我母亲在社会中奋斗，找出路。”赵树理《“出路”杂谈》：“有些青年只愿到城里找‘出路’，只愿当干部不愿回农村，也有些老人们希望青年到农村以外去找出路。”

**船过舵也过**　〔例〕张行《武陵山下》九章四七：“曾作金有些发火了：‘照你说来，我就只好等着挨刀？’‘哪能让二老爷去死？总得让他船过舵也过才行。’”张行《武陵山下》一〇章五四：“那人忙又纠正说：‘自然罗，你有你的困难，吃饭本是现实问题嘛。不过你急也不行，总得想个办法，让它船过舵也过才好。’”

**三一群，五一伙**　〔例〕《三侠五义》九一回：“如今要与张老儿贺喜，这三一群，五一伙，陆陆续续俱各找了他去，告诉他张老儿得女儿的情由。”刘江《太行风云》四六：“扑黄昏，又把人马三一群，五一伙分散在半山腰。”

**兵对兵，将对将**　〔例〕《三宝太监西洋记》七四回：“禅师道：‘自古以来，兵对兵，将对将。你们总兵官到那里去了？’”《说唐全传》五七回：“但见兵对兵，将对将，自古交锋谁肯让。”茅盾《锻炼》九：“兵对兵，将对将，铁甲车也得用铁甲车来挡！”

李準《黄河东流去》一七章三："他又指着小强说：'兵对兵，将对将，这个小土鳖不准上仗。'"

**迅雷不及掩耳** 〔例〕《儿女英雄传》一九回："及至鼓着气、冒着劲、横着心，要就那把雁翎宝刀上作个了当，这正是件迅雷不及掩耳的事情。"梁斌《烽烟图》三七："老山头的右手，却像五股钢叉一样，插进老占耳下的腮际，趁老占因剧烈的疼痛抖动下腭的时候，又以迅雷不及掩耳之势，把预备好的棉团塞进老占嘴里。"

"找出路"，指寻找生存或发展的路子。"船过舵也过"，比喻两方面问题都要解决。"三一群，五一伙"，指人们自由搭伙，分成许多小股。"兵对兵，将对将"，指双方力量相当或针锋相对地进行较量。"迅雷不及掩耳"，指突然响起的雷声，使人来不及捂住耳朵，比喻突如其来的行动，使人来不及防备。这些惯用语的意义都是中性的。

以上三种类型比较起来，以贬义型的惯用语居多，褒义型和中性型的惯用语较少。

### 3. 惯用语语义的类聚

(1) 同义惯用语

两个或两个以上语义相同或相近的惯用语，叫做同义惯用语。

要把同义惯用语与异形惯用语区分开来。如果基本语素相同，只是换一种说法，那是异形惯用语，不能说是同义惯用语。如：

**刀对刀，枪对枪** 〔例〕冯骥才等《义和拳》一章二："狗官来了有啥怕的？刀对刀，枪对枪，你怕他，他不怕你，你豁得出命来，他就怕你！”梁斌《翻身记事》一五：“他们骂了咱们，咱们也骂了他们，刀对刀枪对枪，寸步不让。”梁斌《红旗谱》三六：“伍老拔闹了一套猴拳，大贵耍了一套长棍，三三五五，刀对刀，枪对枪，在大柏树坟里练起来。”

**刀对刀来枪对枪** 〔例〕老舍《青霞丹雪》二场：“沈青霞：儿呀！我与严家无来往，约赴宴必无有好心肠。邪不侵正儿等把心放，我自会刀对刀来枪对枪！”

**枪对枪，刀对刀** 〔例〕李英儒《女游击队长》二三章：“谁敢来折我们一根肋条，我们要打断他的脊椎骨，牙还牙，血还血，枪对枪，刀对刀，半点不客气！”梁斌《红旗谱》四七：“这时夜快深了，墙外有军队的岗哨，墙里是学生纠察队，枪对枪、刀对刀，双方怀着不同的心情。”

“刀对刀，枪对枪”是较常见的说法。“刀对刀来枪对枪”，只增加了一个并不重要的语素“来”。“枪对枪，刀对刀”，是调换了语节的次序。它们不能算是同义惯用语，而是异形惯用语。

同义惯用语的形成，常见的有两种情况：一是述宾词组型惯用语，述语同义或近义；二是取材不同，但语义相同或相近。分别举例说明如下。

第一类　述宾词组型惯用语，述语同义或近义

**扯后腿** 〔例〕周立波《山乡巨变》上七：“她说：做妈妈的要鼓励儿子报名参加，堂客们要规劝男人申请入社，老老少少，都不作兴扯后腿。”艾芜《百炼成钢》一章：“这样扯后腿的老婆，哪个会要？”魏巍《东方》四部二六章：“‘你看，你看，’大

妈说，‘我就知道你要扯后腿。’”

**拉后腿** 〔例〕康濯《东方红》五章一：“一个儿子都还没斗过来，如今又闹的老婆眼看也要拉后腿。”杨沫《青春之歌》一部一四章：“算啦，我还打算叫你跟我一起去呢，闹半天，你还想拉我的后腿。算啦，谁也别管谁！”李满天《水向东流》七章：“你也要拉我的后腿呀！ 也好，先送你回家，安顿住你，我再找他们。”

**拖后腿** 〔例〕陈登科《风雷》一部五二章：“就是永康调动工作，要走，她也不会‘拖后腿’，怎么会不告诉她一声呢？”张行《武陵山下》一六章九四：“她说，卧虎坪是剿匪部队的直接后方。后方应当支援前线，决不能去拖后腿。”

**抽后腿** 〔例〕欧阳山《三家巷》三一：“我实在不懂：工人们正在和军阀，和资本家，和帝国主义者进行你死我活的斗争，你们却抽了工人们的后腿。”

“扯后腿”、“拉后腿”、“拖后腿”、“抽后腿”，都是比喻利用亲密的关系和感情牵制别人的行动，只是所用的述语不同，构成一组同义惯用语。

又如：

**撞一鼻灰** 〔例〕《三宝太监西洋记》二九回：“我笑那和尚假充你来骗我宝贝，是我识破了他，撞一鼻灰而去。”蔡东藩《唐史演义》九七回：“偏王珂王珙争位一案，联名上奏，竟撞了一鼻灰，面子上很过不去。”

**臊一鼻子灰** 〔例〕《红楼梦》五五回：“秋纹听了，伸舌笑道：‘幸而平姐姐在这里，没的臊了一鼻子灰。我赶早知会他们去。’”张恨水《夜深沉》三四回：“黄氏道：‘他现在阔了，什么都有了。你这时候就是找着了他，也会臊一鼻子灰。'”

**抹一鼻子灰** 〔例〕《红楼梦》六七回："赵姨娘来时兴兴头头，谁知抹了一鼻子灰，满心生气，又不敢露出来，只得讪讪的出来了。"张恨水《巴山夜雨》(上)一章："戏上演了，说是有百分之二或百分之四的上演税，那非要戏挣钱不可。若赔本呢，人家还怪你剧本写得不好，抹一鼻子灰。"

**碰一鼻子灰** 〔例〕《带印奇冤郭公传》六回："那老妈子碰了一鼻子灰，赶就转的上房，气恨恨一五一十，照样儿告与太太，只说是账房儿讲的。"巴金《春》一〇章："这怪不得我，哪个喊他来管闲事？爹死了我什么人也不怕，我还怕他？让他碰一鼻子灰回去也好。"

**砸一鼻子灰** 〔例〕张恨水《金粉世家》三二回："那老伙计极力要讨好，倒不料砸了一鼻子灰，羞得一张脸全成紫色。"

**弄一鼻子灰** 〔例〕老舍《我这一辈子》："也许立刻把事情弄个水落石出，也许是望风捕影而弄一鼻子灰。"

**吃一鼻子灰** 〔例〕邹韬奋《萍踪忆语》一："我的这位朋友却富有试验的精神……向这个女子约请吃了一鼻子灰，便改向那个女子约请。"

同是以"一鼻子灰"作宾语，述语可以是"臊"、"抹"、"碰"、"砸"、"弄"、"吃"等。语义都是比喻碰壁受阻，或遭到对方拒绝、斥责，落得个没趣。它们也构成一组同义惯用语。

第二类　取材不同，但语义相同或相近

**才离虎口，又入龙潭** 〔例〕《绘芳录》三九回："罢，罢，罢！我才离虎口，又入龙潭。那知是这个冤家在此地做官，纵田文海不死，我也难逃网罗。"

**才离虎口，又入狼穴**　〔例〕《梦中缘》四回："才离虎口，又入狼穴，身如柳絮随风转。"罗旋《梅》一四："也是我命苦，才出虎口，又入狼窝。"

**才离虎窟逃生去，又遇龙潭鼓浪来**　〔例〕《三国演义》四一回："赵云当下杀透重围，已离大阵，血满征袍。正行间，山坡下又撞出两枝军，乃夏侯惇部将钟缙、钟绅兄弟二人……正是：才离虎窟逃生去，又遇龙潭鼓浪来。"

**才脱虎坑逃得去，又遭机阱捉将来**　〔例〕《杨家将演义》二回："却说呼延赞不敢回见耿忠，单马奔小路逃走。将近一更，又被伏路喽罗拿住。正是：才脱虎坑逃得去，又遭机阱捉将来。"

**才脱了阎王，又撞着小鬼**　〔例〕《照世杯》卷三："这五更天，怎么有妇女在溪河里洗浴？分明是些花月的女妖，我杜景山怎么这等命苦，才脱了阎王，又撞着小鬼，叫我也没奈何了。"

**才躲得霹雳，又撞着雷公**　〔例〕《醒名花》七回："那老者引路，佛奴送小姐刚刚上得岸来，只见几间草房之内闪出几个大汉来问道：'你这两个女子是那里来的？'佛奴、杏娘吓得半死。正是：才躲得霹雳，又撞着雷公。"

**才离了苦海，又堕了火池**　〔例〕《续金瓶梅》一二回："单说这古今盛衰之感，人生死生之叹：才是繁华，就成了衰落；才离了苦海，又堕了火池。生生死死，变变化化，谁识是前身，谁识是后生？"

**才脱天罗，又罹地网**　〔例〕《初刻拍案惊奇》卷二七："这里头不知是男僧女僧，万一敲开门来，是男僧，撞着不学好的，非礼相犯，不是才脱天罗，又罹地网？”

**出得龙潭，又入虎穴** 〔例〕《警世通言》卷一九：“正说之间，林子里抢出十余个人来，大喊大叫，把衙内簇住。衙内道：‘我好苦！出得龙潭，又入虎穴！’”刘兰芳等《岳飞传》七二回：“李夫人看看孩子，心里难过：出了龙潭，又入虎穴，一家子没死在京城，却要死在南宁！”

**躲过了风暴，又遇了雨** 〔例〕《红楼梦》一〇七回：“倘或再有点事儿出来，可不是他们躲过了风暴又遇了雨了么？”

**躲了雷公，又遇了霹雳** 〔例〕《警世通言》卷一八：“蒯公又想道：‘天下举子像鲜于“先辈”的，谅也非止一人，我不中鲜于同，又中了别的老儿，可不是躲了雷公，遇了霹雳！’”《灯月缘》六回：“不是奴家忍心推却，你若在此借宿，只怕躲了雷公，又遇霹雳。还是到别处去罢。”

**逃出虎口，又掉进狼嘴** 〔例〕周而复《上海的早晨》三部三七：“我以为今后的日子好过了，可是啊，逃出了朱半天的虎口，又掉进徐义德的狼嘴里。说是养成工，做的和正式工一样的生活，只是工钿拿的比正式工少，受的罪吃的苦完全是一模一样。”

**逃出黑店，又搭上了贼船** 〔例〕张恨水《夜深沉》三三回：“月容听了这一番话，才明白逃出了黑店，又搭上了贼船。看看赵司令，架了腿坐在沙发上，口角上斜衔了一枝雪茄烟，态度非常从容。”

以上这些“才……又……”、“出……又……”“躲……又……”“逃……又……”结构构成的惯用语，其核心意义都是“出比喻刚才脱离了一个险境或灾难，又陷入另一个险境或灾难”，构成了一组庞大的同义语群。

有些同义惯用语，可以组合成双语节惯用语，如：

**蒸不熟，煮不烂** 〔例〕梁斌《播火记》二五：“他不满意冯贵堂这种蒸不熟煮不烂的态度，他认为冯贵堂没有血性。”刘绍棠《瓜棚柳巷》七节：“花三春是蒸不熟、煮不烂的女人，虽然被打得皮开肉绽，还是直着脖子嚷叫：‘柳家的丫头想占我的窝儿！’”

**屎一把，尿一把** 〔例〕曲波《桥隆飙》一：“那里有妈妈，守了二十多年寡，屎一把，尿一把，炕上地下，家里学校，好不容易把我抚养大。”

**说是说，笑是笑** 《红楼梦》四一回：“贾母、薛姨妈、王夫人知道他上了年纪的人，禁不起，忙笑道：‘说是说，笑是笑，不可多吃了，只吃这头一杯吧。’”梁斌《播火记》一三：“他想要说的话，都说完了，脸容恬静下来，一下子笑了说：‘说是说，笑是笑，还是工作要紧，别的都在其次！’”

**床上叠床，屋上架屋** 〔例〕郭沫若《洪波曲》五章五：“我这个厅长就可以不必要，部长以下的各级负责人员都可以不必要，为什么一定要床上叠床，屋上架屋？”

**急急如丧家之狗，忙忙似漏网之鱼** 〔例〕《水浒全传》九六回：“却说乔道清同费珍、薛灿领败残兵，急急如丧家之狗，忙忙似漏网之鱼，往北奔驰。”刘绍棠《地火》一四：“有的叩头，有的作揖，有的鞠躬。然后，急急如惊弓之鸟，慌慌如漏网之鱼，抱头鼠窜而去。”

(2) 反义惯用语

语义相反的惯用语，叫做反义惯用语。反义惯用语比较少。也有两种情况，一种是含有反义语素，一种是取材不同，意义相反。

第一类　含有反义语素的反义惯用语

**唱白脸**　〔例〕李凖《黄河东流去》三七章五："就是这个'圣人门徒'，把他倒在碾盘上的一点谷子也扫走了，而且他自己不露面，叫两个当兵的来唱白脸要赖。"梁斌《烽烟图》二〇："那家伙，他是个唱白脸的，刚愎自用，拧着鼻子抖威风。他一见你，一定不同意你这一份。"

**唱黑脸**　〔例〕二月河《康熙大帝》四卷二八："不过，这个旨意传下去，是要得罪人的。朕身边只有你一个可靠的人了，不能让你去招这个祸。嗯——这样吧，你派人去传简亲王来，这个黑脸让他唱吧。"

**唱配角**　〔例〕刘绍棠《青藤巷插曲》九："'胖主任，我给宝鞍大哥唱配角儿。'小芥挺身而出。"

**唱主角**　〔例〕刘流《烈火金钢》九回："李金魁去叫民兵，孙定邦留在家里，准备应付意外的情况。齐英在这出戏里边要唱主角，他虽然很高兴地要执行这个任务。"魏巍《东方》四部二五章："快，快去堵住李能。今天他是唱主角的，别让他跑了。"

**尝苦头**　〔例〕姚雪垠《李自成》一卷二三章："一个多月的时间使他尝了不少苦头，领了不少教，开始明白了他自己是碰不过他们的，这些人依仗着皇上的宠信像大山一样地压在他头上。"

**尝甜头**　〔例〕浩然《艳阳天》五三章："你说得太对了！这一段我已经尝到了一点甜头儿！我做得很不够，今后是得抓紧。"鄢国培《漩流》二〇章一："只要给官与他做，或者给点甜头尝尝，他就会一百八十度的大转弯：由牢骚派变为歌德派。"

"唱白脸"，比喻在矛盾冲突中充当蛮横、惹人讨厌的角色；白脸，中国传统剧目中的一种脸谱，代表奸臣。"唱黑脸"，比喻在矛盾冲突中充当公正、受人欢迎的角色；黑脸，传统剧目中的一种脸谱，代表刚直不阿的忠臣。二者构成一组反义惯用语。"唱配角"，比喻给别人当助手或做辅助工作；配角，戏剧、电影等表演中扮演不重要的角色。"唱主角"，比喻承担主要任务，或是事件里的主要人物；主角，戏剧、电影等表演中扮演主要的角色。二者也构成一组反义惯用语。"尝苦头"，指经受磨难或痛苦。"尝甜头"，指得到好处。二者也构成一组反义惯用语。

第二类　取材不同的反义惯用语

**上天堂**　〔例〕明·无名氏《鱼篮记》三折："积善的上天堂，造恶的入地狱里。天堂地狱要人知，你若参透这个理。"雪克《战斗的青春》二章六："我读的书不多，所以，我什么也不信。依我看什么也别怕，什么也别愁。世界上本来没有什么可怕的，也没有什么可愁的。上天堂我陪着你，下地狱我也跟着你。"

**下地狱**　〔例〕曹禺《原野》一幕："什么？！我的爹还要上刀山，我的妹妹还要下地狱！你们这简直是——"梁斌《翻身记事》二七："王黑炭从腰里掏出钥匙，开了庙门，气愤地说：'老地主，滚进去！这就到了你们下地狱的时候了！'"

**实打实**　〔例〕《儿女英雄传》二七回："姑娘就是照师傅的话实打实的这么一点头，算你瞧得起这个师傅了。"梁斌《红旗谱》二六："伍老拔看出张嘉庆是个实打实的赤诚人，是真心革命的，就辞退了木头厂子里的活，跟着他跑起革命来。"程树榛《钢铁巨人》三章："客套话咱不说啦，既然来了，就实打实地干！"

**空对空** 〔例〕丁玲《给孙犁同志的信》："我不理解为什么这些文章总要从'盘古开天地'写起，总要先来个扫盲，什么现实主义，新现实主义，浪漫现实主义，批判的现实主义……使人感到完全是空对空。"刘绍棠《京门脸子》四章六："我苦笑了一下，说：'你们爷儿打赌空对空，我这辈子难得出头之日了。'"

**打退堂鼓** 〔例〕《官场现形记》五七回："几个绅士一听这话，起先是靠了大众公愤，故而敢与领事抵抗；如今听说要拿他们当作出头的人，早已一大半都打了退堂鼓了。"李劼人《大波》二部二章五："设若你昨天开门见山地说，到这里来是为了参加同志军、学生军，是为了闹革命，我又答应了来，我今天当然不好打退堂鼓了。"李英儒《野火春风斗古城》五章二："孩子有胆量，敢在敌人枪尖底下挺着胸脯搞工作，当娘的还能缩脖子打退堂鼓？"

**吹冲锋号** 〔例〕蒋子龙《机电局长的一天》："调度会要开，这是吹冲锋号的时候，不能躺在病床上。"

"上天堂"，某些宗教指善良的人死后灵魂回归极乐世界，比喻过上幸福美满的生活。"下地狱"，某些宗教指人死后灵魂受苦受难，比喻遭受极大的痛苦和折磨。二者取材不同，构成反义惯用语。"实打实"，形容说话办事实实在在。"空对空"，形容说话办事全是空的。二者也是取材不同，构成反义惯用语。“打退堂鼓”，指泄气向后退缩。“吹冲锋号”，指鼓劲打气向前进。二者也是取材不同，构成反义惯用语。

有些双语节惯用语是由具有反义性的两个语节构成的。如：

**阴一套，阳一套** 〔例〕刘绍棠《敬柳亭说书》三章一〇：“‘原来韩秀和狼爪张八演的是戏中戏呀！’‘这就叫阴一套，阳一套，狼狈为奸。’”王洪钧《木盆渡江记》四：“你要是阴一套阳一套背后捅刀子，那你躲得了初一，躲不起十五，总有一天人民要和你算账的。”

**冷一句，热一句** 〔例〕《五美缘全传》二二回：“这东方白只因顺了一人之情，被这些秀才、百姓们一场大闹，又被这些属下官员冷一句，热一句，说得他脸上毫无光彩，一时回答不出。”周而复《上海的早晨》一部一八：“他见她答自己的话，不再冷一句热一句，心里暖洋洋的。”

**明着一套，暗着一套** 〔例〕梁斌《播火记》一七：“霜泗气冲冲地说：‘我没交过这么不义气的朋友！他们明着一套，暗着一套，两面三刀，一个个都是满腹阴谋的家伙！’”冯德英《山菊花》下二二章：“桃子道：‘我也这么寻思，莫非他有怕咱们的东西？这样的人总是明里一套，暗里一套。’”

**成事不足，败事有余** 〔例〕《续孽海花》四二回：“超如道：‘这种人不过揣摩风气，他的帮忙靠得住吗？’小燕道：‘不过也不可不敷衍一下。这种人成事不足，败事有余。’”白危《垦荒曲》二部二〇：“赵辛田听到这里，轻蔑地冷笑一声……说：‘请放心，这些毛毛虫成不了大事的。’‘是啊！他们虽然成事不足，但是败事有余。’”

**上不着天，下不依地** 〔例〕《水浒后传》二六回："将军恁般英雄，宜及时建立功名。今上不着天，下不依地，恐非长策。"刘绍棠《十步香草》五："这个综办，是个上不着天下不挨地的衙门，权宜而设的临时建制。"欧阳山《高干大》二三章："这地方上不巴天，下不着地，你要是不识好歹，免不了同归于尽！"

# 六、惯用语的分类

## 1. 介绍两家惯用语分类法

前贤对惯用语的分类做过许多探讨。下面介绍比较有代表性的两家。

(1) 孙维张《汉语熟语学》里的惯用语分类

孙维张《汉语熟语学》(吉林教育出版社,1989)一书第18节专门讨论了惯用语的分类。他主张"从功能和性质两个方面来给惯用语进行分类"。他所说的"功能",指的是惯用语在言语表达中的作用,即语义表达功能;他所说的"性质",指的是一个惯用语的整体的语法性质。

第一,按惯用语的语义表达功能分类

根据惯用语的语义表达功能,把惯用语分为两类:一类主要是表现事物的性质或状态以及行为的状态和方式的;另一类主要是表达说话人的语气和态度的。前者称之为"描绘性惯用语",后者称之为"插说性惯用语"。

描绘性惯用语的整体语义表达功能具有描绘性。有的是偏正结构中的"定心型",中心语表示一般概念,前面的定语是描绘性的修饰语,如"顶头上司"、"黄毛丫头"、"芝麻官儿"等。他认为,这种描绘性惯用语数量比较少,大部分描绘性惯用语"是利用比喻、借代等修辞手段,对事物或其性状、行为动作进行描绘，把抽象的事物、事理形象化地再现出来，让人们通过对具体形象的感受去体味其中所包含的抽象道理和规律”。如“眼中钉”、“拿手好戏”、“旧皇历”用的是比喻手法，“锅碗瓢盆”用的是借代手法；“打头炮”、“撕破脸皮”、“撂挑子”、“绕圈子”，都具有具体鲜明的形象性；“脸红脖子粗”、“前怕狼后怕虎”、“一把鼻涕一把眼泪”，表明的是人物行为动作的状态，形象而又生动；“一竿搞到底”、“连锅端”、“单刀直入”等都是表示动作行为方式的，通过具有一定寓意的比喻，表现出抽象动作的方式方法。

插说性惯用语在语言运用中，它的功能在于表达说话人的语气和态度。具体情况有五种：

一是提起话头。如：

话休絮烦，自此王进母子二人在太公庄上服药。（《水浒全传》）

别的不说，就说农业社吧。（《建短》）

二是提请听话人注意。如：

你们晓得，管子挨着地面，受了潮湿，沾上了许多水珠子——一擦就干了。（艾芜《屋里的春天》）

大家知道，有一种议论，叫做“两个凡是”，不是很出名吗？（《邓小平文选》）

三是表明说话人的态度。如：

实不相瞒，小人母子两人，贪行了路程，错过了宿店……欲投贵庄，借宿一宵。（《水浒全传》）

毫无疑问，学校应该永远把坚定正确的政治方向放在第一位。（《邓小平文选》）

四是对自己所说的话语进行解释。如：

马克思曾经指出，一般的工程技术人员也参与创造剩余价值。这就是说，他们也是受资本家剥削的。（《邓小平文选》）

一般来说，人民内部的矛盾，是在人民利益根本一致的基础上的矛盾。（毛泽东《关于正确处理人民内部矛盾的问题》）

五是用来进行总结。如：

总而言之，不破掉这些坏东西，就不能立新东西。（《邓小平文选》）

综上所述，我们讨论的根本目的只有一个，那就是如何改进我们的工作。（《邓小平文选》）

第二，按惯用语的语法功能分类

根据惯用语的语法功能，把惯用语分为两类：一类是体词性惯用语，一类是谓词性惯用语。

体词性惯用语相当于一个名词，表示的或者是一种人，或者是一种事物，或者是一种状态和性质。如：

母老虎　丑八怪　地头蛇　土包子　狗头军师
光杆司令　绣花枕头　哼哈二将

——指人

风凉话　绊脚石　乌纱帽　眼中钉　残汤剩饭
柴米油盐　花花世界　空头支票

——指物

秋老虎　墙头草　笑面虎　硬骨头　热心肠
没头的苍蝇　热锅上的蚂蚁

——指某种性质和状态

谓词性惯用语相当于一个动词或形容词。它的语义表达可分为两类：一类以动作、行为为中心，一类以事物的性质、状态为中心。如：

安钉子　出洋相　灌迷汤　嚼舌头　翘尾巴

打马虎眼　开顶风船　砸锅卖铁

——以动作、行为为中心

一窝蜂　钻牛角尖　八九不离十　脸红脖子粗

鸡飞狗跳墙　干打雷，不下雨

——以性质、状态为中心

从上面可以看出，孙氏的惯用语分类，有其可取之处。他主张先从功能（语义表达功能）和性质（语法性质）两个方面给惯用语分类，然后又根据不同的语义表达功能和语法性质进行再分类，从而构成独特的分类系统。但这一分类系统有着明显的疏漏之处。

一是根据语义表达功能，把惯用语分为描绘性惯用语和插说性惯用语，并不妥当。因为所谓"插说性惯用语"并不是语汇单位，它其实是自由词组，是语法学的研究对象。

二是不注意区分词和语，常混在一起。像"母老虎"、"丑八怪"、"地头蛇"、"土包子"、"风凉话"、"绊脚石"、"乌纱帽"、"眼中钉"、"秋老虎"、"墙头草"、"笑面虎"、"硬骨头"等，《现代汉语词典》（第6版）都注明是名词。"热心肠"注明是名词兼形容词。"一窝蜂"注明是副词。

三是不注意区分惯用语和成语。像"残汤剩饭"、"柴米油盐"、"花花世界"、"空头支票"、"砸锅卖铁"等都是成语。

（2）武占坤《汉语熟语通论》里的惯用语分类

武占坤《汉语熟语通论》（修订版，河北大学出版社，2007）在“汉语惯用语”一节里专门讨论了惯用语的分类。

首先按照惯用语的字数分为“简言惯用语”和“多言惯用语”，然后又分别再分类。

第一，简言惯用语的再分类

①按字数分为三言式、四言式和五言式三类。

三言式，如：“出洋相”、“装洋蒜”、“摆架子”、“打官腔”、“翘尾巴”、“吹牛皮”、“拍马屁”、“溜沟子”、“扣帽子”、“穿小鞋”等。

四言式，如：“捅马蜂窝”、“坐冷板凳”、“唱红白脸”、“吃花生米”等。

五言式，如：“唱牛郎织女”、“开国际玩笑”、“埋定时炸弹”、“背历史包袱”、“有两把刷子”等。

②按感情色彩分为贬义的、褒义的、中型的三类。

贬义的，如“变色龙”、“不倒翁”、“哈巴狗”、“抱粗腿”、“捧臭脚”、“舔屁股”、“擦屁股”、“拆墙脚”、“放空炮”、“泡蘑菇”、“犯急性病”等。

褒义的，如“红旗手”、“排头兵”、“带头人”、“子弟兵”、“半边天”、“一把手”、“财神爷”、“保险箱”、“金不换”、“满堂彩”等。

中性的，如“长蛇阵”、“夫妻店”、“一条龙”、“家常饭”、“两面刀”、“搭班子”、“侃大山”、“咬耳朵”等。

③按结构分为动宾式、偏正式、主谓式、主谓宾式、并列式五类。

动宾式，如“炒鱿鱼”、“开小差”、“揪小辫”、“挤牙膏”、“捞稻草”、“跳龙门”、“唱赞歌”、“吃错药”等。

偏正式，如“万金油”、“铁公鸡”、“芝麻官”、“马屁精”、“红眼病”、“千里马”、“马前卒”、“耳旁风”、“地头蛇”、“替罪羊”等。

主谓式，如“耳朵软”、“狮子吼”、“底子薄”、“骨头软”、“风声紧”、“屁股沉”、“驴打滚”、“鸟兽散”、“龙虎斗”等。

主谓宾式，如“狗咬狗”、“蛇吞象”、“黑吃黑”、“鬼斗鬼”、“凤求凰”等。

并列式，如“马大哈”、“假大空”、“真善美”、“假丑恶”、“假冒伪劣”、“酒色财气”、“坑蒙拐骗”、“吃喝嫖赌”等。

第二，多言惯用语的再分类

多言惯用语根据感情色彩分为“表示否定意味的”和“色彩是褒义和中性的多言惯用语”两类。

表示否定意味的，如“王婆卖瓜，自卖自夸”、“吹糖人的出身”、“拉完磨杀驴”、“死猪不怕开水烫”、“打完江山杀韩信”、“敬酒不吃吃罚酒”等。

色彩是褒义和中性的多言惯用语，如“宰相肚里能撑船”、“任凭风浪起，稳坐钓鱼船”、“刀子嘴，豆腐心”、“大路朝天，各走一边”等。

应当说，武氏把惯用语分为“简言惯用语”和“多言惯用语”，仅仅是从字数上分，而不是根据意义、结构、性质或功能等来分，没有多大实质意义。而且，从武氏所举的例子来看，也存在语、词不分的问题。如“变色龙”、“不倒翁”、“哈巴狗”、“万金油”、“铁公鸡”、“芝麻官”、“马屁精”、“红眼病”、“千里马”、“马前卒”、“耳旁风”、“地头蛇”、“替罪羊”等，《现代汉语词典》(第6版)都注明是名词,武氏都把它们当做惯用语。另外,还把“王婆卖瓜,自卖自夸”(歇后语)、“宰相肚里能撑船”(谚语)也当做惯用语。

**2. 惯用语分类的新思路和新做法**

如何做好惯用语的分类,我们探索了新的思路和做法。这就是根据惯用语的结构和语义(包括语义表达方式和语义表达内容)进行分类。

(1) 根据惯用语的结构分类

这种分类法具有分类系统完整、界限清楚的优点。我们根据前面关于惯用语结构的分析,把惯用语的分类结果列表如下(见下页):

(2) 根据惯用语的语义表达方式分类

根据前面对惯用语语义的描绘性的分析,可以把惯用语分为以下六类:

第一,白描式惯用语

第二,引申式惯用语

第三,比喻式惯用语

第四,借代式惯用语

第五,夸张式惯用语

第六,拟人式惯用语

前面已经举例,这里不再重复。

(3) 根据惯用语的语义表达内容进行分类

这种分类法比较复杂,下面根据我们编写的《分类惯用语词典》(上海辞书出版社,2006)的经验做详细叙述。

惯用语
- 1.单语节词组型
  - 偏正词组型
    - 定心词组型(如:两张皮)
    - 状心词组型(如:干瞪眼)
  - 述宾词组型(如:炒冷饭)
  - 述补词组型(如:矮半截)
  - 连谓词组型(如:先打后商量)
  - 兼语词组型(如:赶鸭子上架)
  - 联合词组型(如:脸红脖子粗)
- 2.单语节单句型(如:耳朵软)
- 3.单语节复句型
  - 条件关系型(如:有奶便是娘)
  - 让步关系型(如:泰山压顶不弯腰)
  - 转折关系型(如:吃力不讨好)
  - 因果关系型(如:打骡子马惊)
  - 目的关系型(如:打肿脸充胖子)
  - 连贯关系型(如:现烧香贤捏佛)
- 4.双语节并列型
  - “主谓+主谓”型(如:人不知,鬼不觉)
  - “述宾+述宾”型(如:挂羊头,卖狗肉)
  - “述补+述补”型(如:起五更,睡半夜)
  - 偏正词组型
    - 定心词组型(如:刀子嘴,豆腐心)
    - 状心词组型(如:不显山,不露水)
  - “连谓+连谓”型(如:饭来张口,衣来伸手)
- 5.双语节非并列型
  - 选择关系型(如:不是鱼死,就是网破)
  - 转折关系型(如:只听楼梯响,不见人下来)
  - 让步关系型(如:没吃过猪肉,也看见过猪跑)
  - 条件关系型(如:万事俱备,只欠东风)
  - 假设关系型(如:过了这个村,没这个店)
  - 递进关系型(如:一波未平,一波又起)
  - 因果关系型(如:根不动,梢不摇)
- 6.三语节并列型(如:眼观鼻,鼻观口,口观心)
- 7.四语节并列型(如:大懒使小懒,小懒使门槛,门槛使土地,土地坐到喊)

该书共收惯用语6000语条，按语义内容分为“体貌”、“品性”、“心理”、“行为”、“境遇”、“人际”、“言语”、“动物”、“鬼神”、“自然”、“状态”和“其他”，共12大类。其中“行为”类又分为“打压惩罚”、“观察探求”、“积极合理”、“瞒欺强迫”、“牟利敲诈”、“谋生求职”、“破坏捣乱”、“手段计谋”、“违理失当”、“文体文教”、“显示卖弄”、“饮食医药”、“争斗厮杀”、“肢体”、“自讨苦吃”、“做事方式”、“其他”等17小类；“境遇”类又分为“挨管受制”、“吃亏受损”、“挫折打击”、“生老死病”、“困境窘况”、“蒙冤受屈”、“磨难悲苦”、“贫穷富有”、“歧视冷落”、“顺时逆运”等10小类；“状态”类又分为“程度难易”、“艰辛劳累”、“惊慌忙乱”、“能力本领”、“事态结局”、“眼界学识”、“其他”等7小类。

下面就12大类中的11类（“其他类”略），分别举例如下。

①体貌类。如：

**肩膀宽**　〔例〕柳青《创业史》九章：“要不是生宝肩膀宽，担起俺常年互助组这一摊子生活问题儿，你看我犯愁不犯愁？”

**干瞪眼**　〔例〕《醒世姻缘传》六七回：“艾前川无可奈何，急的只干瞪眼。”老舍《老张的哲学》一四：“‘你我和李山东自然没有不乐意举老人家的’，老张接着说，‘龙树古呢，我去跟他说，他不敢不服从咱们。剩下一个南飞生叫他孤掌难鸣干瞪眼。’”

**后脑勺长眼睛**　〔例〕刘绍棠《烟村四五家》九：“‘也不能像一根木桩子，死不动窝儿。’田老调指点他，‘你要四面八方转一转，后脑勺长眼睛。’”

**有前眼，没后眼** 〔例〕刘澎德《老牛筋》："当初，我走错了一步棋，倒是真的。人嘛，全是有前眼没后眼的。"新丝《爱我就给我》："我也是的，总这么有前眼没后眼的，手就跟没脉似的。"

**有鼻子有眼睛** 〔例〕冯德英《迎春花》一九章："她随即摇头：'不会，不可能！他不是这种人！'但是人们说的有鼻子有眼睛，有凭有据不怕你不信。"刘绍棠《敬柳亭说书》四章六："金钟罩张口结舌了半晌，才自言自语：'韩秀这小子，说得有头有尾，有根有梢，有鼻子有眼……'"

"肩膀宽"，原指人肩膀很宽，体力强，后引申指人能力强，能担当重任。"干瞪眼"，原指人干瞪着眼，后形容人（面对不利情况）只是着急，而无可奈何。"后脑勺子长眼睛"，原设想人后脑勺长着眼睛，后形容人瞻前顾后，多方面观察。"有前眼，没后眼"，原指人前面长着眼睛，后面没有眼睛，后指人只看眼前利益，不考虑长远利益。"有鼻子有眼睛"，原指既有鼻子又有眼睛，后形容人把话说得有凭有据，活龙活现，像真有其事。都是通过描绘人的某种体貌，表现人的某种情态。

②品性类。如：

**心肠软** 〔例〕刘绍棠《蒲柳人家》三回："一丈青大娘心肠软，冒着硝烟把可怜儿扒了出来，可怜儿昏迷不醒，一丈青大娘把她装进大筐，背在身上就跑。"

**冒傻气** 〔例〕张贤亮《土牢情话》四章："小顺子滔滔不绝地说，'可这姑娘有点冒傻气，一会儿跟着刘俊这帮人喊："打倒、打倒……"一会儿又跟他们辩论：这是好人，那是坏人，还认真得不行。'"

**见缝子就钻**　〔例〕老舍《归去来兮》四幕："你要什么样的儿子呢？你要跟你一样，欺压老婆，宠爱姨太太，见缝子就钻，见钱眼开的儿子吗？"

**丁是丁，卯是卯**　〔例〕《红楼梦》四三回："我看你利害。明儿有了事，我也丁是丁卯是卯的，你也别抱怨。"《儿女英雄传》二五回："只看这位姑娘，才在北京城住了几天儿，不是她从前那丁是丁，卯是卯的行径，已经学会了皮子了。"老舍《四世同堂》二七："他从来是个丁是丁，卯是卯的人，永远没干过这种拖泥带水的事。"

**见人说人话，见鬼说鬼话**　〔例〕《官场现形记》三八回："凡是当知客和尚，……第二要嘴巴会说，见人说人话，见鬼说鬼话，见了官场说官场上的话，见了生意人说生意场中的话，真正要八面圆通，十二分周到，方能当得此任。"张恨水《金粉世家》四六回："鹏振是见人说人话，见鬼说鬼话的。我若是有情有理的和他谈话，他也不能随便胡闹，必定会把我们的意思慢慢和大哥商量。"李英儒《野火春风斗古城》四章二："金环作为地下工作的交通员，登山渡水，登城上府，跨封沟钻炮楼，来往穿梭，出生入死，废寝忘餐，见人说人话，见鬼说鬼话，她是多么不容易哟！"

"心肠软"，指心地慈善，容易产生怜悯或同情心。"冒傻气"，指言谈举止中显露出糊涂或愚蠢。"见缝子就钻"，比喻一有可乘之机就抓住不放，进行钻营。"丁是丁，卯是卯"，形容做事说话态度认真，一点也不含糊。"见人说人话，见鬼说鬼话"，形容处世圆滑，善于见风使舵，迎合人。都是描绘人的品性。

③心理类。如：

**动肝火** 〔例〕《红楼梦》二九回："若是别人跟前，断不能动这肝火，只是林黛玉说了这话，倒比往日别人说这话不同，由不得立刻沉下脸来。"马烽《结婚现场会》："二兰大概怕他爹动肝火，使我下不了台。"

**打小算盘** 〔例〕《龙图耳录》一一七回："怀宝又有个毛病，处处爱打个小算盘，每逢弄了钱来，他总要绕着弯儿多使个三十、五十、一百、八十的。"夏衍《啼笑之间》："你这个人啊，就是想不通，只看小的，近的，不看大的，远的，专打小算盘。"

**口服心不服** 〔例〕曹禺《原野》一幕："虎子，我说破了嘴，讲了半天，你是口服心不服。"

**心头撞小鹿** 〔例〕《西游记》三九回："那魔王在金銮殿上，闻得这一篇言语，唬得他心头撞小鹿，面上起红云，急抽身就要走路。"《恨海》六回："人声嘈杂之中，还听得远远哭喊之声，不由得心中小鹿乱撞。"

**心问口，口问心** 〔例〕《西游记》八二回：(唐僧)"却又一条心儿想着，若死住法儿不开口，怕他心狠，顷刻间就害了性命。正是那进退两难心问口，三思忍耐口问心。"《儿女英雄传》一三回："心问口，口问心，打算良久，连那些奇珍异宝折变了，大约也够了。"

"动肝火"，指心里动怒，发脾气。"打小算盘"，指心里盘算，如何多得一些个人或小集体的利益。"口服心不服"，指嘴上认输，心里仍然不服气。"心头撞小鹿"，指心里像有小鹿在撞一样，砰砰乱跳，形容情绪极度紧张，或非常害怕。"心问口，口问心"，指反复思考、衡量，在心里计算、谋划。这些都是描绘人的心理活动。

④行为类。如：

**打闷棍** 〔例〕冯志《敌后武工队》八章二："'哎！别半道上打闷棍哪！'辛凤鸣忙去抢烟。"李晓明等《破晓记》六回："这一问，把黑丑打了个闷棍，一时答不上来。"

**放冷枪** 〔例〕赵树理《青年与创作》："衡山一中一位姓曾的同学来信说：'我们希望的决不是放冷枪、泼冷水来扑灭我们雄心上的熊熊火焰。'"张孟良《儿女风尘记》一部一八："他经常到天保床前放冷枪，说些不三不四的话，指桑骂槐。"

**见台阶就下** 〔例〕老舍《四世同堂》六："小崔也知道自己得罪了两个——冠先生和大赤包——照顾主儿；那么，既得到桐芳的同情与照应，也该见台阶就下。"

**摸着石头过河** 〔例〕刘绍棠《豆棚瓜架雨如丝》一章："我过去写的那些小说，十之七八都曾有田夫、野老、乡女、村妇当我的点传师。这一回，我对外开放，更得摸着石头过河，找个向导带路。"叶佐标《认清形势，深入改革》："不可能把一切设计好了再改，只能是'摸着石头过河'，在实践中逐步探索前进。"

**逼着哑巴说话** 〔例〕郭明伦等《冀鲁春秋》七章二："他们这是逼着哑巴说话，咱就说几句给他们听听。"

"打闷棍"，原指一种抢劫手段，趁人不备用棍子击人，抢走财物。后比喻乘人不备，突然给予沉重打击。"放冷枪"，比喻用冷言冷语，刺激人的情绪。"见台阶就下"，比喻见有机会摆脱困境，就收敛。"摸着石头过河"，形容做事情小心谨慎，边实践，边摸索。"逼着哑巴说话"，指逼迫不愿意说话的人开口说话。都是通过描绘人的某种行为，表现某种情态。

⑤境遇类。如：

**讨生活** 〔例〕黄小配《廿载繁华梦》二三回："另聘定一位赌徒出手，俗语称此等角式为师把，都是惯在赌场中讨生活，十出九胜的了。"茅盾《腐蚀·十月二日》："我虽不够做一个十足的好人，但还不至于无耻到汉奸手下去讨生活。"

**吃官司** 〔例〕《水浒全传》二二回："今番不是朱仝相觑，须吃官司，此恩不可不报。"《警世通言》卷二二："那周三在路上思量：'我早间见那做娘的打庆奴，晚间押番归却，打发我出门。莫是"东窗事发"？若是这事走漏，须教我吃官司。'"《醉醒石》九回："这老陈是本分人，说：'有夫妇人，谁人娶他？我一时嫁了，或是他丈夫不死，泥捏不出个人来，须吃他官司。'"

**挨闷棍** 〔例〕李晓明等《平原枪声》一一："这话正说在吴胖子的心上，他像是突然挨了一闷棍，脑瓜里翻了锅，准备好的一大堆申诉词泼了一地，捞摸了半天也没抓住个头儿。"雪克《战斗的青春》一章七："许凤一听，像是头上挨了一闷棍，不由地'啊'了一声，难过地低下头去，强忍着眼泪。"

**左不是，右不是** 〔例〕《二刻拍案惊奇》卷二六："且老人家心性，未免有些嫌长嫌短，左不是，右不是的难为人。"《轰天雷》一回："北山穿了那身衣服，觉着左不是，右不是。走进西轩，只见有四五只狗抢一块肉。"刘绍棠《荆钗》一章："牛蒡面临的是三条路择其善者而行。左不是，右不是，只有走中间道路了。"

**只有出的气，没有入的气** 〔例〕《水浒全传》三回："鲁达看时，只见郑屠挺在地下，口里只有出的气，没有入的气，动弹不得。"《儒林外史》一六回："太公叫他坐在床沿上，细细告诉他这得病的缘故，说道：'……他而今每早挑着担子在各处赶集，寻的钱，两口子还养不来。我又睡在这里，终日只有出的气，没有进的气。"

"讨生活"，指寻求生计，维持生活。"吃官司"，指被控告而受官府处罚或监禁。"挨闷棍"，比喻遭到暗中的或突然的打击。"左不是，右不是"，指遭人刁难，怎么做都不对。"只有出的气，没有入的气"，形容人呼吸微弱，将要断气的样子。都是通过描绘人的境遇，表现某种性状。

⑥人际类。如：

**找门路**　〔例〕《红楼梦》三回："他系此地人，革后家居，今打听得都中奏请起复旧员之信，他便四下里寻情找门路，忽遇见雨村，故忙道喜。"陈登科《风雷》一部一二章："黄三想跑两趟蚌埠，贩几百斤烟叶子，要我参加一股。在这春荒当头，我也不过是为着响应号召，大家想办法，找门路，渡过难关。"

**爬高枝**　〔例〕《红楼梦》二七回："晴雯冷笑道：'怪道呢！原来爬上高枝去了，把我们不放在眼里。'"刘绍棠《含羞草》三："别看不少好人受了冤屈，有些坏人爬上了高枝儿，可是它也照出了是人是鬼，分出了谁忠谁奸。"

**针尖对麦芒**　〔例〕老舍《荷珠配》一场："金三官：……黄龙衮，你小子真叫会算账！怎奈呀，针尖对麦芒，金三太爷不会上你的当！"周而复《上海的早晨》一部九："巧珠奶奶见他们两个人，像是针尖对麦芒，你来我往，刀对刀来枪对枪，谁也不让，怕再闹下去，弄得大家别别扭扭，家里不和，便在一旁调解道：'这点小事体，也值得这么大吵大嚷，大家省一句，少说点，不就完了吗？’”

**热脸贴个冷屁股** 〔例〕张贤亮《河的子孙》九章：“在家，我就跟三孙子一样，啥不是敬着她，让着她？可她不是给我个寡妇脸，就是给人个后脊梁，像家里没我这个大活人一样。打不能打，钱也哄不转，热脸贴个冷屁股。”

**八竿子打不着** 〔例〕刘绍棠《这个年月》二六章：“吴宝顺是唐大姐儿的一门八竿子打不着的远亲。”霍达《魂归何处·芸芸众生》：“放着林雁飞不提升，局党委竟然愣把第一把交椅送给八竿子打不着的、突然回来了的陈郁。”

“找门路”，指托人拉关系，寻求办事或解决问题的途径。“爬高枝”，比喻同有权势的人结亲或拉关系。“针尖对麦芒”，形容双方言行尖锐对立，互不相让。“热脸贴个冷屁股”，比喻对人满腔热情，却换得对方的冷落。“八竿子打不着”，形容关系疏远，或相距很远，不沾边儿。都是通过描绘人际关系，表现某种情态。

⑦言语类。如：

**说风凉话** 〔例〕《荡寇志》一二三回：“我们多少人拉不动，你有多大本领，来说风凉话？”张恨水《魍魉世界》六章：“世交？这些人在花天酒地，一时高兴，说两句风凉话，你以为他是当真思念故交？”峻青《秋色赋》一辑：“革命胜利了他上来凑热闹；可是革命遇到了困难的时候，他就大喊大叫或者指手划脚地说风凉话儿。”

**一言值千金** 〔例〕吴有恒《山乡风云录》一九章：“大哥！‘一言值千金’，你这话说得矜贵！这里白天谈话不便，我们约个时间，另找个地方谈吧！”

**七嘴八舌头** 〔例〕刘流《烈火金钢》二八回："经他这样一说，士兵们可就活跃起来了，七嘴八舌头地提意见。"梁斌《翻身记事》一九："可贫雇农这么多小组，鸡一嘴鹅一嘴，七嘴八舌头，一个人一个主意，乱当家行吗？"

**拉开话匣子** 〔例〕梁斌《播火记》一〇："冯大有听了冯贵堂两句宽心话，拉开了话匣子说：'这不是跟你老人家吹！……'"沈浮等《万紫千红总是春》一章一〇："姚月仙……打开了话匣子，唠唠叨叨地：'大妈，十五号新娘子今天把饭烧焦了，她婆婆气得要命……'"

**一言惊醒梦中人** 〔例〕《廿载繁华梦》一一回："马氏一听，正是一言惊醒梦中人，不觉欢喜喜答道：'终是冯管家有阅历的人也，见得到。'"陈残云《香飘四季》一〇章："火照道：'你就把门关着，做些饼子，挑到田头去，像剃头的那样。'徐金贵讨好似的，连连点头道：'对对，许主任，你想得周到，一言惊醒梦中人。'"

"说风凉话"，指站在事件之外，冷言冷语。"一言值千金"，形容所说的话非常宝贵。"七嘴八舌头"，形容人多嘴杂，说个不停。"拉开话匣子"，指人开始唠叨起来。"一言惊醒梦中人"，指一句话使人从糊涂中猛然醒悟。都是通过描绘人的言语，来表现某种性状。

⑧动物类。如：

**翘尾巴** 〔例〕巴金《灌输和宣传》："我这样表示，还得不到谅解。还有人写汇报说我'翘尾巴'。"曲波《桥隆飙》二："飙字军的首领被打死了，两个月没来三古镇地面，这些个混种就又翘尾巴了。"

**狮子大开口** 〔例〕《文明小史》五回："若依了外国人，是个狮子大开口，五万、六万都会要，现在有兄弟在里头，大约多则二万，少则一万，五千，亦就够了。"金庸《天龙八部》五〇："耶律洪基哈哈一笑，说道：'普天之下，我当真拿不出的物事却也不多，你尽管狮子大开口便了。'"

**老鹰捉小鸡** 〔例〕《孽海花》一五回："那少年不慌不忙，只用一只手，趁他扑进，就在他肩上一抓，好似老鹰捉小鸡似的提了起来。"司马文森《风雨桐江》一五章三："老六怒火正上，一手提住他的衣领，正如老鹰捉小鸡：'你有自己打算？好呀，我立刻就叫你滚！'"

**鸡一嘴，鸭一嘴** 〔例〕老舍《神拳》三幕："丁双喜：大师兄说供凉水，就供凉水！鸡一嘴鸭一嘴的，事情可就不好办了！"梁斌《翻身记事》七："罗慧问：'怎么叫不团结？'小玉斜了罗慧一眼，撅起嘴来说：'鸡一嘴，鸭一嘴的！'"刘绍棠《孤村》四五："我走进小楼的绿栅栏门，就听见楼下的客厅里叽叽呱呱一台戏，几个女人正鸡一嘴鸭一嘴吵成一锅粥。"

**驴的朝东，马的朝西** 〔例〕《三侠五义》三七回："我的儿子既死了，我那儿媳是断不能守的，莫若叫他回娘家去罢。这才应了俗语儿了：'驴的朝东，马的朝西。'"

"翘尾巴"，指某种动物翘起了尾巴，形容人志得意满，骄傲自大。"狮子大开口"，比喻要价太高或条件太苛刻。"老鹰捉小鸡"，比喻弱者见到了强者，形容十分惧怕的样子。"鸡一嘴，鸭一嘴"，形容人多嘴杂，各说各的，也形容胡乱插嘴，吵闹的样子。"驴的朝东，马的朝西"，比喻人各走各的路。这些都是通过某种动物的动作行为，表现某种性状。

⑨鬼神类。如：

**鬼打鬼** 〔例〕茅盾《腐蚀·十一月六日》:“你跟何参议打算挖G的墙脚,我已经知道;你们鬼打鬼,我在旁边瞧热闹,这就是今天我在这席面上出现的姿态和立场。”司马文森《风雨桐江》一三章五:“不管怎样,面对共同敌人,许天雄还是可以利用的,最低限度可以利用他们间的矛盾,让他们来个鬼打鬼,狗咬狗。”

**鬼画符** 〔例〕《糊涂世界》一回:“抚台同伊大人心上都是明白的。不过借着这个题目鬼画符而已。”周而复《上海的早晨》三部一七:“她走到弄堂口,回过头来,说:‘可要打扫干净,别急着开会,马马虎虎,鬼画符。’”

**活见鬼** 〔例〕张恨水《京尘幻影录》一六回:“号房道:‘胡说,你活见鬼。你拿进来是不是三个红纸包?’”陈登科《风雷》一部三八章:“素云骂道:‘活见鬼,青天白日说鬼话。谁回家来?’”刘流《烈火金钢》七回:“可是闹来闹去的,把志贤她爷爷那老东西给吓得天天活见鬼,日子不多就死了。”

**进鬼门关** 〔例〕马忆湘《朝阳花》二二章六:“正盘腿坐在火边煮‘饭’的柳莹猛的一下跳起,扑到我的身边高兴地抱住了我:‘小兰,我真怕你会进鬼门关哩!’”曹禺《蜕变》一幕:“范兴奎:马主任,梁专员到,院长请您马上到前面去陪。马登科:妈的,今天简直是过鬼门关。”

**不知道马王爷长几只眼** 〔例〕刘江《太行风云》七:“这家伙就是全靠害人发财起家,不狠狠揍他一场,他不知道马王爷长几只眼。准备好棒子哇,不要往痛处打,就打狗日的屁股。”刘流《烈火金钢》一一回:“你们这些东西天生的贱骨头!不给你们个厉害的，你们就不知道马王爷三只眼！”

“鬼打鬼”，比喻坏人与坏人打斗。“鬼画符”，指潦草、拙劣的字画，也指玩弄骗人的伎俩或做事马虎。“活见鬼”，指出现了特别离奇古怪的事，感到不可思议；也指被吓得失去理智。“进鬼门关”，指人死亡（含诙谐意）。“不知道马王爷长几只眼”，讥讽人愚蠢无知，不晓得对手的厉害（马王爷：迷信称管马房的神，相传长着三只眼）。都是通过有关鬼神的描绘，表现某种性状。

⑩自然类。如：

**一风吹** 〔例〕张长弓等《娜敏伊虹》：“关于包鲁的事情，也不能完全一风吹，他总不能说一点错误没有吧？”

**水过地皮湿** 〔例〕《儿女英雄传》二七回：“邓九公道：‘如今没别的，水过地皮湿，姑娘就是照师傅的话，实打实的这么一点头，算你瞧得起这个师傅了。’”李凖《黄河东流去》三九章三：“海香亭的‘难民救济所’一个月要经手上百万斤粮食。俗话说，‘水过地皮湿’，能经手发放这么大数字的粮食，自然要捞到不少油水。”

**十年九不收** 〔例〕陈登科《风雷》一部一五章：“李学成叹息一声：‘唉，洼地万人愁，十年九不收。有雨一缸酱，无雨满塘灰。种子刚下地，鸟吃风又吹。高粱才吐穗，天漏地冒水。’”

**平地一声雷** 〔例〕明·徐霖《绣襦记》二出：“大相公要去科举，必定是禹门三级浪，平地一声雷。”梁斌《红旗谱》一：“平地一声雷，震动了锁井镇一带四十八村：‘狠心的恶霸冯兰池，他要砸掉古钟了！’”

**干打雷不下雨**　〔例〕老舍《离婚》一章四："仆人不怕，而且有时候欢迎，瞎炸烟而实际不懂行的主人；干打雷不下雨是没有什么作用的。可是张大哥永远不瞎炸烟，而真懂行。"冯志《敌后武工队》九章四："哈叭狗是个说大话使小钱，干打雷不下雨的人，别看他在屋里跟二姑娘叫骂得挺凶，不但震唬不住二姑娘，闹来闹去还得顺着二姑娘的杆子爬。"

"一风吹"，一阵风全部吹掉，比喻全部抛开或否定。"水过地皮湿"，指水流过地面，地表就湿了，比喻利益所到之处，相关的人从中捞点实惠；也比喻工作只浮在表面，不深不透。"十年九不收"，十年中有九年没有收成，形容土地非常贫瘠，灾害极其频繁。"平地一声雷"，比喻突然发生了震动四方的大事或听到了惊人的消息。"干打雷不下雨"，比喻光虚张声势，不见实际行动。这些都是通过对某种自然现象的描绘，表现某种性状。

⑪状态类。如：

**根子硬**　〔例〕李英儒《野火春风斗古城》九章二："我担心吴家根子硬，不好拱动。"刘绍棠《荆钗》四一章："根子硬，路子广，关一品坐在老庄户的头把交椅上，不但雷打不动，而且八抬大轿也抬不走。"

**出岔子**　〔例〕郭沫若《南冠草》五幕："这个新毛子，什么规矩都不懂，我看是会出岔子的。"老舍《四世同堂》四九："有我，你们放心，她出不了岔子！"赵树理《锻炼锻炼》："这时候忽然出了点小岔子：城关那个整风辩论会提前开了半天，支书和主任摸了几里黑路赶回来了。"

**摆长蛇阵**　〔例〕赵树理《三里湾》二三："登高一想：'奇

怪！原来准备要摆几天长蛇阵，怎么会在不够一点钟的工夫里解决了呢？'"熊尚志《古老的东方有一条龙》："街上，竹床、竹椅摆起长蛇阵。"

**中看不中用** 〔例〕《红楼梦》三五回："那两个婆子见没人了，一行走，一行谈论。这一个笑道：'怪道有人说他家宝玉是外像好里头糊涂，中看不中用的，果然有些呆气。'"刘绍棠《豆棚瓜架雨如丝》二五章："她不顾人言可畏，撕毁婚约，嫁给了安守己。婚后，才知道安守己中看不中用，一介狂生而已。"

**只看见树木，不看见森林** 〔例〕毛泽东《矛盾论》："这就叫做片面地看问题。或者叫做只看见局部，不看见全体，只看见树木，不看见森林。"胡考《两重奏》二三章："自己是个当局者，看问题就带有偏见……这叫做'只见树木，不见森林'。"

"根子硬"，比喻后台或靠山的势力大。"出岔子"，指发生事故或出现差错。"摆长蛇阵"，原指古时作战的一种阵法，布军的阵势延伸弯曲像蛇一样，后比喻很多人或物排成很长的行列。"中看不中用"，指看起来倒好看，就是没有用，比喻徒有外表，实际上不中用，也指外强中干。"只看见树木，不看见森林"，形容看问题片面，只看到个体，看不到整体；或者只看见局部，看不见全局。这些都是通过对某种状态的描绘，表现某种性状。

# 七、惯用语的语法功能和修辞特色

## 1. 惯用语的语法功能

惯用语在结构上，有的相当于句子，单独成句，或充当复句里的分句；有的相当于词组，在句子里作句法成分也可以作句子成分。下面分别加以说明。

（1）单独成句

在结构上属于句子型的惯用语，运用时可以单独成句。如：

①忠于职守。拿得起，放得下。（陈云《关于干部工作的若干问题》）

②可笑！太可笑！买金的遇见卖金的！（老舍《方珍珠》二幕）

③不是村里人紧拉住，我真要揍他两下！反正扯了龙袍也是死，打死太子也是死。一命换一命了！（马烽等《吕梁英雄传》五回）

④此等聚众骚扰的行径，分明是没有教育的人民一时间的冲动罢了！败事有余，成事不足！（茅盾《子夜》九）

⑤你再憋屈，也不能把猪崽憋活了，更不能把猪憋出来。打瓢论瓢，打罐论罐。你说说，谁也不想投河上吊，

往后的日子咋过，眼前的戏咋唱吧！（赵乃夫《初春》五）

⑥读书人，一出北京城看见一大片麦苗，就说：“哟！小韭菜多嫩呀，包饺子吃多好呢。”咳！光吃过猪肉，还没见过猪走哩！（梁斌《翻身记事》七）

例①“拿得起，放得下”，形容人技术过硬或处事果断，也形容人心胸开阔，不纠缠小事。例②“买金的遇见卖金的”，形容十分凑巧，正好碰到希望见到的人。例③“一命换一命”，指与对方拼命。例④“败事有余，成事不足”，指人办不成事，只会坏事。例⑤“打瓢论瓢，打罐论罐”，比喻发生了什么事情就说什么事情。例⑥“光吃过猪肉，还没见过猪走”，形容人见识浅，没有见过世面。它们都是单独成句。

惯用语单独成句时，同谚语一样，前面也往往加上“俗话说”、“俗语云”、“俗语说得好”、“常言道”、“老话讲得好”、“常言一句俗话说”等，表示它的俗语性质。如：

①俗话说：“只见鱼喝水，不见鳃里漏。”按商业名词叫做“正常损耗”，可这损耗的数字是大得惊人的。（赵振开《波动》）

②俗话说：“东倒吃猪头，西倒吃羊头。”你呢？什么头也吃不到。（吴强《堡垒》一一章四）

③俗语云：“厮打时忘了跌法”。正是有势不使不如无。这一次算我服了你，就这样办。（《歧路灯》四六回）

④俗语说得好：“船头上相骂，船梢上搭话”。我说的相骂的人，就是搭话的人。（《唐祝文周四杰传》八三回）

⑤他同伙道：“你仔细些，被人家听见，我们的饭就吃不成了！常言道：‘大虫吃小虫。’我道是大官吃小官。”

(《文明小史》二二回)

⑥我们闹了几个月风潮,死了一铺缆子人,却为何来?唉!唉!老话讲得好:猫儿扳甑子,给狗赶了膳了!(李劫人《大波》三部九章三)

⑦常言一句俗话说:"矮子里面选将军。"就算他的能耐有限,但与这些打手打斗起来,他的本领却比对手胜十倍。(《小五义》五三回)

例①"只见鱼喝水,不见鳃里漏",比喻只看见收入,看不见损耗。例②"东倒吃羊头,西倒吃猪头",指倒向东家可以吃羊头,倒向西家可以吃猪头,比喻事情不论怎么样,总会有所获。例③"断打时忘了跌法",比喻在关键时刻忘记了制胜的办法。例④"船头上相骂,船梢上搭话",指刚吵了架,转眼间就和好了,形容关系密切,相互宽容。例⑤"大虫吃小虫",比喻强者欺凌或吞并弱者。例⑥"猫儿扳甑子,给狗赶了膳",指猫把甑子搬倒,狗却抢了食物,比喻经过努力得来的成果被别人占有。例⑦"矮子里面选将军",比喻在能力差的人中挑选相对好一些的。它们都是单独成句时,前面有"俗语"或"俗话、常言、老话"等作标志。

(2) 相当于一个分句,充当复句的组成部分。如:

①火点着了,狗咬狗,让他们去咬吧!(冯志《敌后武工队》一七章)

②四面子都是事儿,从哪头办起呀,按倒葫芦瓢起来,咳,真愁死了。(王希坚《雨过天晴》一章八)

③东家子摘,西家子借,求爷爷,告奶奶,把东山坞整个街都让我拜遍了!(浩然《艳阳天》一一章)

④江湖上的道理，半点也不懂，头发胡子一把抓，全不分个青红皂白，你我咋个闯得过呢？（艾芜《荒山上》）

⑤万没料到，这个苗得时，品质竟有如此恶劣，态度竟是这般蛮横，背着牛头不认赃，简直是无法无天了。（张俊彪《省委第一书记》二部一六章）

⑥李大嫂说："把个去相女婿的闺女挡在村道，叫给他们破硬柴。八字没见一撇哩，先就这么对待，以后过了门，还不知这丁王庄的人，是怎样欺侮新媳妇呢！"（王汶石《黑凤》八章）

⑦这些老书记哟，都是这个毛病，穿上新鞋走老路。天县搞不好，根本问题就在这里。（谌容《光明与黑暗》）

⑧永生这孩子，只要进了家门，放下笓子摸扫帚，又勤快，大颠实。（郭澄清《大刀记》一卷开篇八）

⑨我回到广东来，东不成，西不就，没有一样生意做得成，无奈何，又钻进这个桐油缸来。（黄谷柳《虾球传》三部）

⑩对于这些当代韩荆州，他除了陪茶垫饭，却一无所求，也不登门回访；放着河水不洗船，守着大树不乘凉。（刘绍棠《凉月如眉挂柳湾》一）

例①"狗咬狗"，比喻坏人与坏人互相争斗。例②"按倒葫芦瓢起来"，比喻问题接连出现，刚解决了一个，又冒出一个新的问题，难于应付。例③"求爷爷，告奶奶"，形容低三下四地到处求人。例④"头发胡子一把抓"，比喻不分轻重、主次或先后，胡乱做某事。例⑤"背着牛头不认赃"，指明摆着做了坏事，证据就摆在那里，却不认账。例⑥"八字没见一撇"，指想写“八”字，连一撇都还没写出来，比喻事情还没眉目。例⑦“穿上新鞋走老路”，比喻形式上翻新，实际上还是老一套。例⑧“放下笸子摸扫帚”，形容家务繁忙，总做不完，也形容勤快，闲不住。例⑨“东来成，西不就”，指什么事情也没有办成，多指择偶、择业或办事不顺利。例⑩“放着河水不洗船，守着大树不乘凉”，比喻搁下现有的条件不去利用。它们都是在复句中充当一个分句。

(3) 相当于固定词组，充当句子某种成分

惯用语充当句子成分时，可作主语、谓语、宾语、定语、补语等。分别叙述如下：

第一，作主语

①这一场“龙虎斗”似乎并无胜败，也不知看的人可满足，都没有发什么议论，而阿Q却仍然没有人来叫他做短工。（鲁迅《阿Q正传》）

②群众里有人喊：“跟着龙王吃贺雨就是帮凶！”（赵树理《李家庄的变迁》一五）

③干打雷不下雨是没有什么作用的。（老舍《离婚》一）

④平地一声雷，震动了锁井镇一带四十八村。（梁斌《红旗谱》一）

⑤黑字写在白纸上，比空口说空话有用。它可以帮助人辨明是非。（杜鹏程《在和平的日子里》六章三）

⑥那还不是一张空头支票。从老虎口里讨肉吃，怎么行？（李六如《六十年的变迁》一三章五）

例①“龙虎斗”，比喻势力相当的两个强者进行激烈的争

斗。例②“跟着龙王吃贺雨”，比喻跟着有钱有势的人沾点儿便宜。例③“干打雷不下雨”，比喻只造声势，不见实际行动。例④“平地一声雷”，比喻突然发生了一件大事。例⑤“黑字写在白纸上”，指有书写的文字为凭证。例⑥“从老虎口里讨肉吃”，形容所做的事情非常危险，难有成功希望；也比喻冒着生命危险去谋取钱财或某种利益。它们都分别充当句子的主语。

惯用语作主语时，有的前面可以加“俗语说”、“俗话说”等独立成分。如：

①俗话说“平地跌跟头”，一点也不假啊！（杜鹏程《在和平的日子里》一章三）

②俗语说，有的向灯，有的向火，一点也不错。（老舍《毛毛虫》）

例①“平地跌跟头”，比喻遭到意外的挫折，也比喻在顺境中犯了错。例②“有的向灯，有的向火”，比喻遇事有偏向这方的，也有偏向另一方的。它们也都充当句子的主语，前面有“俗话”或“俗语”做标志。

第二，作谓语

①我在一旁打边鼓，比较还容易成功一点。（张恨水《金粉世家》四六回）

②“你们俩穿连裆裤，我是孤家寡人！”秋老虎暴跳如雷。（刘绍棠《京门脸子》五章六）

③枚表弟替我背了十字架。（巴金《秋》三）

④他吹胡子瞪眼，熊了我一顿。（李满天《水向东流》三章）

⑤他争你辩，吵的太狠了，我插不进嘴去。（陈登科《风雷》一部四〇章）

⑥我瞎了眼，请神请到鬼，以后我这房子有个三长两短，就找你！（罗旋《南国烽烟》一部六）

⑦俺不蒸馒头争口气，非入这个组不行！（陈登科《风雷》一部四五章）

⑧他把钱看得比铜盆还大，一文钱在他手心里能捏出二两油来。（马忆湘《朝阳花》二章一）

⑨这家伙就是全靠害人发财起家，不狠狠揍他一场，他不知道马王爷长几只眼。（刘江《太行风云》七）

⑩你们东一榔头，西一棒子，力没往一处使，没击中要害。（鄢国培《漩流》二三章二）

例①“打边鼓”，比喻从旁帮腔助势，以促成其事。例②“穿连裆裤”，指两人串通一气，也指合伙做事。例③“背十字架”，指背负深重的苦难。例④“吹胡子瞪眼”，形容生气、发怒。例⑤“插不进嘴去”，指想在别人说话时插话，却插不上。例⑥“请神请到鬼”，指本想请有用的人，不料却请来了坏事的人。例⑦“不蒸馒头争口气”，原作“不蒸馒头蒸口气”，第二个“蒸”谐“争”，指要争气，做出个样子让别人看。例⑧“把钱看得比铜盆还大”，讥讽人过分看重钱财。例⑨“不知道马王爷长几只眼”，讥讽人愚蠢无知，不晓得对手的厉害。例⑩“东一榔头，西一棒子”，形容行动没有明确目标和步骤，什么都做一点儿。它们在句子里都充当谓语。

惯用语作谓语时前面可以加“就”、“别”等副词。如：

①他对这里面的症结摸不透，于是就“各打五十大

板”，但问题一点也没解决。（程树榛《钢铁巨人》一〇）

②千万别说烨铁是咱的闺女。这号人，他们急了眼，就逮不住兔子扒狗吃，拿着烨铁出气。（张一民《发生在不老春药铺里》八）

③我们一家人老老小小吃饭都靠在这上面，你是懂得的，只要你家里有一个主子喊我们滚，我们就死无葬身之地了！（丁玲《田家冲》四）

④樊太太笑道：“叫一声妈就得了，都是崭新的人物，别开倒车。”（张恨水《啼笑因缘》续集八回）

⑤她对丈夫只哼儿哈儿的带理不理，对大女儿反倒拿出好脸，以便诱她答应婚事，别犯牛脾气。（老舍《四世同堂》二九）

⑥朱老大，张某人向来看重你，别三分颜色开染房！（胡正言《海盗》二）

⑦好了，好了！别东扯葫芦西拉瓢的了，我们还有正经事哩！（程树榛《钢铁巨人》八）

⑧向三元：别给脸不要脸！（老舍《方珍珠》三幕）

⑨别堵着耳朵摇铃铛啦！（李英儒《战斗在滹沱河上》一七）

例①“各打五十大板”，指不分青红皂白，给予同样惩罚。例②“逮不住兔子扒狗吃”，比喻抓不住要找的人就迁怒于他人。例③“死无葬身之地”，形容最终的下场很悲惨。例④“开倒车”，比喻违反前进的方向，向后退。例⑤“犯牛脾气”，比喻耍倔脾气。例⑥“三分颜色开染房”，比喻稍微得到一点儿好处，就骄傲自大，得意忘形。例⑦“东扯葫芦西拉瓢”，形容东拉西扯，不着边际地闲聊。例⑧“给脸不要脸”，指不识抬举。例⑨“堵着耳朵摇铃铛”，指摇铃铛时把自己的耳朵堵塞住，自己听不见以为别人也听不见，比喻自己欺骗自己。它们作谓语时，前面分别加副词“就”和“别”。

惯用语作谓语时前面可以加助动词“会”、“能”、“应该”等。如：

①他想去告诉孙七，但是他知道孙七只会吹大话，未必有用。（老舍《四世同堂》四七）

②这个老婆子真会打如意算盘呀！（刘绍棠《敬柳亭说书》三章七）

③他是专会打死老虎的。（老舍《四世同堂》二三）

④我与严家无来往，约赴宴必无有好心肠。邪不侵正儿等把心放，我自会刀对刀来枪对枪！（老舍《青霞丹雪》二场）

⑤大哥，咱们不能被唾沫淹死呀！（曲波《桥隆飙》五）

⑥我看您就亲自跑一趟腿吧，看看皮毛的质量，咱不能隔山买老牛呀。（张长弓等《边城风雪》二四）

⑦下命令先得下到我这里，他不能隔着桌子抓菜！（赵树理《十里店》一场）

⑧你们有钱有势，也不能反说反有理，正说正有理。（刘江《太行风云》五四）

⑨杜继平一唱三叹地说：“大沪”的工潮应该快刀砍乱麻，拖下去，夜长梦多，后果不堪设想。（艾明之《火种》八章一）

⑩这次重回到重庆来，应该百尺竿头更进一步，就是我们也多少愿意出点力，在旁边帮助他一把。（张恨水《魍魉世界》下二七章）

例①“吹大话”，指夸海口，吹牛皮。例②“打如意算盘”，比喻不顾客观情况，只从有利于自己或只从好的方面盘算。例③“打死老虎”，比喻打击失势或无力反抗的人，以充好汉。例④“刀对刀，枪对枪”，形容争斗双方针锋相对，杀气腾腾，要拼个你死我活。例⑤“被唾沫淹死”，指遭到众人唾骂。例⑥“隔山买老牛”，指不看货色就成交。例⑦“隔着桌子抓菜”，比喻超越职权范围办事。例⑧“反说反有理，正说正有理”，指不管怎么说，反正都有理。例⑨“快刀砍乱麻”，指用锋利的刀一下子切断乱成一团的麻，比喻采取果断措施，迅速而果断地解决不易解决的复杂问题。例⑩“百尺竿头，更进一步”，指学习、事业等得到很高的成就后，仍继续努力，更求上进。它们作谓语时，前面分别加助动词“会”、“能”和“应该”。

第三，作宾语

这是惯用语比较常见的用法。既可以作受事宾语，也可以作“关系”宾语。

作受事宾语的，如：

①他平日最喜欢串门子，访亲友，好有机会把东家的事说给西家，再把西家的事说给东家。（老舍《四世同堂》一五）

②有那么几个人蹦蹦跳跳，说三道四，想捞稻草，我们心里明白，不上他们的当。（丁玲《游汤原・三访》）

③潜孔钻机老账没还，又背新账，这不是我找着挨板

子吗？（蒋子龙《机电局长的一天》）

④其实，只要有你这个人在，咱们就算烧高香啦！（李英儒《野火春风斗古城》一五章二）

⑤总之，我们脑子随时清醒点，不要随风倒。（草明《乘风破浪》四章）

⑥他不是组长吗？光想往自己脸上贴金，不管咱们脸上发绿！（老舍《青年突击队》一幕）

⑦乡村里人都是死脑筋，净想逮住兔子才撒鹰。你要想对耕作方法有所改良，比登天还难呢！（梁斌《红旗谱》五一）

⑧正说得好好的，谁知半路又杀出一个程咬金来，老拱大娘不愿意啦。（白危《垦荒曲》二部三四）

例①“串门子”，指到别人家里去闲坐闲聊。例②“捞稻草”，原指人快淹死时，抓住一根浮在水面上的稻草，想借以救命，也比喻想寻找机会，捞取某种好处。例③“挨板子”，指遭受打板子的处罚，比喻受到严厉的批评、指责或处罚。例④“烧高香”，原指给神佛烧高香，表示极大的虔诚，多用来表示庆幸（高香：旧时祭祀或敬神时烧的粗而长的线香）。例⑤“随风倒”，形容人没有主见，哪边势力大就随从哪边。例⑥“往自己脸上贴金”，指美化自己。例⑦“逮住兔子才撒鹰”，比喻有把握达到预期的目的才开始行动。例⑧“半路又杀出一个程咬金来”，指事情进行过程中，突然出现了个意想不到的人（程咬金：唐初大将，封卢国公，旧时小说戏曲把他描写成性格憨直、粗鲁、莽撞的武将形象）。它们都是作受事宾语。

作“关系”宾语的，述语最常见的是“是”、“叫”、“叫做”。

述语是“是”的，如：

①那时候，我是唱独角戏。（老舍《四世同堂》八四）

②讲良心话，阿英生活好，现在我的生活也不错，诉过去的苦派啥用场呢？还不是炒冷饭。（周而复《上海的早晨》三部三五）

③写信倒不是容易的事。用英文写吧，不管好坏，总可以把他们唬住。可是他们读不明白，还不是白费蜡。（老舍《文博士》九章）

④赶会人哪个来时不是两肩膀抬着张嘴。（崔巍等《爱与恨》一二章）

⑤有的认为，中心区解放早，群众觉悟高，聂罗往那里钻，是送肉上砧板，可能不会去。（张行《武陵山下》一五章入六）

⑥你说离婚，不要自己花轿娶来的老婆？那是白天做大梦。（曹禺《日出》二幕）

⑦我军为进攻这倒楣的陕北，从晋南抽掉了七个旅，这简直是丢了肥肉啃骨头。（杜鹏程《保卫延安》二章四）

⑧他想起徐总经理的那副面孔，说不定要他做啥，或者韩工程师在总经理面前要他不做啥，那可就为难了他。这不是逼着姑娘上轿吗？（周而复《上海的早晨》一部三七）

⑨你是聪明一世，朦胧一时，大名鼎鼎的陈玉芳，你会不知道？（张恨水《金粉世家》二〇回）

⑩在李宝珠看来，她这位丈夫也不能算最满意的，只能说是“比上不足，比下有余”。（赵树理《锻炼锻炼》）

例①“唱独角戏”，比喻一个人单独做某件本来需要几个人做的事。例②“炒冷饭”，比喻重复过去说过的话或做过的事，没有一点儿新意。例③“白费蜡”，指白费力气（蜡：谐“啦”）。例④“两个肩膀抬着张嘴”，形容非常贫困，一无所有。例⑤“送肉上砧板”，比喻自己去送死。例⑥“白天做大梦”，指胡思乱想，也指幻想根本不可能实现的事情。例⑦“丢了肥肉啃骨头”，比喻放弃有大利可图的，却去对付难对付的。例⑧“逼着姑娘上轿”，比喻逼迫人做他不愿意做的事情。例⑨“聪明一世，朦胧一时”，指平时一向聪明，偶尔犯了糊涂。例⑩“比上不足，比下有余”，指处于中等水平或中间状态，跟上面的层次相比，差一些；跟下面的层次相比，又好一些。它们都是作“是”的宾语。

“是”前面常常加副词“真”，有时后面加助词“的”。如：

①你们真是“狗眼看人低”，王魁不过就是少了几个钱，你们就那么看不起他，糟踏他！（田汉《情探》八场）

②《导报》还引为知己，真是抱着贼秃叫菩萨。（鲁迅《书信集·致曹靖华》）

③你们这些人，真是买酱油的钱不能买醋，谁定了这个章程，非打一百块的不可？就改为五十块的，又有什么呢？（张恨水《金粉世家》二三回）

④武端的面容十分严厉，逼着赵子曰进行谋差事。“这真是打着鸭子上树呀！”赵子曰摇着头说。（老舍《赵子曰》一七）

⑤来成两眼团团转，看看大伙，又瞧瞧观音保，说：“这真是半天里掉下块石头来，到底是咋回事？”（刘江《太

行风云》一八）

⑥他原来以为这一回大显身手，立了大功，人人都得承认他是英雄好汉，把他捧上天；斜柳村的那些“小错误”，当然也就会马虎过去了，真是得了便宜卖了乖，名利双收。（袁静、孔厥《新儿女英雄传》七回五）

⑦申家庄的代表讲申家庄的道理，孙家庄的代表讲孙家庄的道理，真是公说公有理，婆说婆有理，两方面又争开了。（袁静、孔厥《新儿女英雄传》一五回）

⑧嘎子多年不回来，你就找不着一句话？真是三锥子扎不出血来！（魏巍《东方》一部一章四）

⑨你真是吃屎不知臭的，你把棺材坑看作路了，你！（王杏元《绿竹村风云》一二）

⑩他料到徐义德这样的人是不见黄河心不死的。（周而复《上海的早晨》二部四八）

例①“狗眼看人低”，骂人势利，不把人放在眼里。例②“抱着贼秃叫菩萨”，比喻把坏人当成好人。例③“买酱油的钱不能买醋”，讥讽人办事呆板，不知灵活变通。例④“打鸭子上树”，比喻勉强或强迫人做没有能力做或不愿意做的事情。例⑤“半天里掉下块石头来”，比喻祸从天降。例⑥“得了便宜卖了乖”，讥讽人占了便宜还自以为乖巧。例⑦“公说公有理，婆说婆有理”，指各人都说自己有理，谁也不服谁。例⑧“三锥子扎不出血来”，形容人性格内向或麻木不仁，于事无动于衷。例⑨“吃屎不知臭”，讥讽人做了坏事却不知羞耻。例⑩“不见黄河心不死”，比喻人不到穷途末路不死心。“是”前面都加

"真"字,后两例后面还加"的"字。

述语是"叫"、"叫做"的,如:

①上海发明了新办法,两边不照面,脊背靠脊背,职工在自己厂店里检举,资本家在市里交代不法行为,简单地说,就叫背靠背。(周而复《上海的早晨》二部二九)

②你不要以为你们苦主这边的人我就不敢冒犯,哼,今日对不住,打个满堂红!这叫打的丫环,吓的小姐。(王少堂《武松》三回)

③这场事故又不是他惹起来的,跟他这个出名的"祸头"毫无关系,他这才叫抱着不哭的孩子,站在干岸看鱼跳。(蒋子龙《赤橙黄绿青蓝紫》一〇)

④有时候,他们会在一个地方转来转去,一直转一夜。按照那时代的科学说法,这叫做"鬼打墙"。(老舍《正红旗下》一)

⑤老天爷在上,这才叫做好心没好报!(白危《垦荒曲》一部二六)

⑥自己是个当局者,看问题就带有偏见……这叫做"只见树木,不见森林"。(胡考《两重奏》二三章)

⑦一位是佳人,一位是才子,真叫做天生一对,地生一双,世上绝无仅有的佳偶!(周而复《上海的早晨》三部二七)

⑧唔,果有此事么?咳,这叫做:"明知不是伴,事急且相随。"(田汉《江汉渔歌》三六场)

⑨"这小子不识好歹,聂大哥不必再跟他多费唇舌。"

这叫做天堂有路你不走，地狱无门自进来。（金庸《飞狐外传》一二章）

例①“背靠背”，指提意见或揭发问题时，当事人不面对面。例②“打的丫环，吓的小姐”，比喻惩罚下人为的是震慑他的主子。例③“抱着不哭的孩子，站在干岸看鱼跳”，比喻站在一旁看别人的笑话和热闹。例④“鬼打墙”，指黑夜迷路，走到哪里都像有墙阻拦，只好老在一个地方打转。例⑤“好心没好报”，指善意待人，却不得善果。例⑥“只见树木，不见森林”，形容看问题片面，只看到个体，看不到整体；或者只看见局部，看不见全局。例⑦“天生一对，地产一双”，形容夫妻或准备联姻的男女非常般配。例⑧“明知不是伴，事急且相随”，指明明知道不是好的伴侣，只是事情紧急只好勉强跟随。例⑨“天堂有路你不走，地狱无门自进来”，指本可走光明大道，却偏要自寻死路。它们都作“叫”或“叫做”的宾语。

第四，作定语

惯用语作定语比较常见，一般要用结构助词“的”联结。如：

①吴宝顺是唐大姐儿的一门八竿子打不着的远亲。（刘绍棠《这个年月》二六章）

②一说话，感情就交流起来了；就是在吹胡子瞪眼的争吵中，情谊也在增长。（杜鹏程《在和平的日子里》一章三）

③嘿！看你这个得理不让人的劲，怎么我这小辫子叫你揪住了？（冯志《敌后武工队》一九章一）

④男子汉嘛，就应该有个棒打不回头的劲儿！（何鸣

雁《洁白的山茶花》)

⑤朱延年是风里来雨里去的人，经过大风浪，见过大场面，这点小事体哪里会放在他的心上。(周而复《上海的早晨》二部三)

⑥为了舍不得那四成烂账，倒又赔上十倍去，那真是“豆腐拌成了肉价钱”的玩意！(茅盾《子夜》一〇)

⑦老刘是个打起灯笼火把也难找到的好人！(周立波《山乡巨变》上一二)

⑧这个老医生也不是那号着三不着两的人，从来不在重大的事情上开玩笑，说出不冒烟的话。(姚雪垠《李自成》一卷二七章)

⑨一年以前，当部队驻扎在这里的时候，他自己的一切精力都集中到生产方面去了，当时真有点“刀枪入库，马放南山”的味道。(魏巍《东方》一部一五章)

⑩哈叭狗是个说大话使小钱，干打雷不下雨的人。(冯志《敌后武工队》九章四)

例①“八竿子打不着”，形容关系疏远，不沾边儿。例②“吹胡子瞪眼”，形容生气、发怒。例③“得理不让人”，指人占了一点理后就自以为是，不饶人。例④“棒打不回头”，形容意志坚定，压力再大，也不改变。例⑤“风里来雨里去”，指风雨无阻，不间断地经受各种磨炼。例⑥“豆腐拌成了肉价钱”，指本来不值钱的东西，却花了大价钱，比喻小损失变成大损失。例⑦“打起灯笼火把也难找到”，形容人或事物非常好，十分难得。例⑧“着三不着两”，指说三件事，就有两件事没有说对，形容人糊涂，做事颠倒错乱。例⑨“刀枪入库，马放南山”，指大乱平定之后，刀枪、战马弃置不用，不作戒备。例⑩"说大话，使小钱"，指说话口气很大，但心虚胆怯，不见实际行动；"干打雷不下雨"，比喻光虚张声势，不见实际行动。它们都作为中心词语的定语。

第五，作状语

惯用语有的可直接作状语，但多数要用结构助词"地"联结。如：

①他白天去帮工，晚上很晚回到家，拿起木瓢喝一肚子凉水，又扛着锄头下地去干自己的。那真是头顶着星星，身背着月亮干哪！（黎明《祖国的儿子黄继光》一章一）

②从巡逻装甲汽车上蹦下一个身瘦体高的家伙，鸡蛋里挑骨头地说道："裹着脚啦，怎么走得那么慢？"（冯志《敌后武工队》二六章六）

③她非常清楚，如其这么一说，孙师奶奶必然要多她的心，必然会对面鼓，当面锣地讥诮她是耗子爬称钩，自称自哩。（李劼人《大波》二部六章二）

④（元英）伸手揩了一把泪，钉是钉，板是板地说："不！我死也不离开你们！"（刘江《太行风云》一六）

⑤也是平常我们太没有功夫管他了。每天总让他野狗似的在外面干一脚湿一脚地跑。（田汉《火之跳舞》一幕）

⑥老蒋也走过来，对着春儿，鼻子不是鼻子，脸不是脸地说："谁有工夫，谁是满街腿，谁就一个人跑去，来回上我们家来干什么？"（孙犁《风云初记》二〇）

⑦周义林鼓一阵，锣一阵地说了这么一套，直说得个梁永生躺在炕上翻来覆去地睡不着觉了。（郭澄清《龙潭记》一八章）

⑧妈妈土里滚，山里爬地过了三十多年。三十多年来，她经历了无数的艰难困苦，尝尽了人世间的风霜雨雪。（马忆湘《朝阳花》一章七）

⑨他紧靠着伪军坐在木头上，东一笆子西一扫帚地胡乱扯起来。（郭澄清《大刀记》七章）

例①里“头顶着星星，身背着月亮”，指起早摸黑，形容非常辛苦劳碌。例②“鸡蛋里挑骨头”，比喻故意挑刺、找毛病。例③“对面鼓，当面锣”，指面对面直说或争论。例④“钉是钉，板是板”，形容说话做事态度认真，一点也不含糊。例⑤“干一脚，湿一脚”，形容到处乱跑。例⑥“鼻子不是鼻子，脸不是脸”，形容十分生气，脸色非常难看。例⑦“鼓一阵，锣一阵”，形容情绪非常激动。例⑧“土里滚，山里爬”，原指长年在庄稼地里受苦受累地干活儿，后多泛指辛辛苦苦地过日子。例⑨“东一笆子西一扫帚”，比喻说话或做事没有中心，没有重点，乱来一气。以上 9 例，除了例①外，其余 8 例都用结构助词“地”联结。

第六，作补语

惯用语作补语，一般要用结构助词“得”联结，有时用量词“个”引进。如：

①白次山：大概我们这位五嫂子太厉害了。要是我，不讨小就罢了。要讨，就讨十个八个，谁也挡不住我！杨五爷：当然你落得说硬话了！（阳翰笙《前夜》二幕）

②要想快，赶得鸡飞狗上墙，要说稳，又想缩起脖子学乌龟。（李满天《水向东流》二章）

③尽管蒋淳风、汪子宜把革命大事说得那么不费吹灰之力，到底解不开他心里的疙瘩。（李劼人《大波》二部二章五）

④这时候，正碰上罗生明又在跟张四海争闹预借工资的问题，两个人正吵得脸红脖子粗。（欧阳山《高干大》一二章）

⑤别戏要人了！倒是你们俩好得穿一条裤子。（杜鹏程《在和平的日子里》三章七）

⑥民众被日本强盗欺负得上天无路，入地无门的时候，忽然有游击队替他们出气，非常高兴，竭力帮助游击队的需要。（朱德《论抗日游击战争》）

⑦这样，就混淆了阶级界线，搞得“坏人不臭，好人不香”，后一种人怨气冲天。（张贤亮《土牢情话》三章）

⑧秀姑在一旁听到他们说话的口气与称呼，胸中很是了然，觉得西山自已那花球一掷，却猜了个八九不离十，于是在一旁微笑。（张恨水《啼笑因缘续集》八回）

⑨但听得“呼”一声……却把那军官抛上了半空，摔得个发昏章第十一。（梁羽生《大唐游侠传》三〇）

例①“说硬话”，指说语气强硬的言辞。例②“鸡飞狗上墙”，形容慌乱不堪或秩序混乱，不可收拾的样子。例③“不费吹灰之力”，形容事情非常容易办到，毫不费力。例④“脸红脖子粗”，形容生气或争吵发急的样子。例⑤“穿一条裤子”，指彼此勾结，关系密切。例⑥“上天无路，入地无门”，形容处境困难，走投无路。例⑦“坏人不臭，好人不香”，指坏人没有得到应有的惩处，好人没有得到应有的奖赏，搞得好坏不分。例⑧“八九不离十”，形容差不多，非常接近实际情况。例⑨“发昏章第十一”，形容人头脑发昏到了极点（仿《孝经》“某章第几”的格式）。

上述表明，惯用语的语法功能相当齐全，可以充当各种主要句法成分。

**2. 惯用语的修辞特色**

惯用语在修辞上有以下三个特点：

（1）形象性

惯用语属于描述性的语言单位，它最基本的修辞作用，在于通过形象性的描绘使语言生动化。这方面，前面在讲根据惯用语的语义表达内容进行分类时，已经涉及，这里再做进一步的叙述。

惯用语所进行的形象性描绘，主要是围绕着人，有的形象地描绘人的相貌特征，有的形象地描绘人的性格特征，有的形象地描绘人的心理活动，有的形象地描绘人的遭遇，有的形象地描绘人的动作行为。如：

**皮包骨**　〔例〕刘流《烈火金钢》四回：“别看他身大腿高，瘦得可成了皮包骨，他的腰本来就有点儿弯，一走累了就更弯得厉害。”马忆湘《朝阳花》二三章二：“记得快出草地的时候，陈真梅瘦得成了皮包骨，头发也差不多脱落了一半。”刘绍棠《花街》一节：“一个个面黄肌瘦，浑身皮包骨，就像霜打的藤萝，雹子砸下的落花，眨眼之间人老了。”

**一时猫脸，一时狗脸**　〔例〕张行《武陵山下》九章四八：“高二佬没有理睬她，瞅着高则冬老婆喊：‘你一时猫脸一时狗脸的干什么？不要装模作样了！’”谢上熏《爱你不简单》：“原本也是有智有谋的爽利人，怎么在乡下待久了，变得小家子气，一时猫脸，一时狗脸，如何相处一辈子呢？”亦君《老狐狸生存术》六章：“好演员可以根据剧情的不同而变换身份，一时猫脸，一时狗脸；一时哭丧脸，一时扮笑脸。”

“皮包骨”和“一时猫脸，一时狗脸”都是描绘人的相貌特征：“皮包骨”，形容消瘦得厉害；“一时猫脸，一时狗脸”，形容人表情或态度变化很快，时好时坏（猫脸：指代慈善的面容。狗脸：指代凶恶的面容）。

**吃人不吐骨头**　〔例〕《冷眼观》三回：“还有几个形容枯槁，似人似鬼的人，都一家旁边坐着一个吃人不吐骨头的粉脸夜叉。”金敬迈《欧阳海之歌》二章五：“吴崽子是个杀人不眨眼的惯匪，刘大斗是个吃人不吐骨头的恶霸，群众一想起他们就害怕。”

**一条道走到黑**　〔例〕刘绍棠《豆棚瓜架雨如丝》三五章：“世上无绝路，只要不一条道走到黑，山重水复都有个柳暗花明。”冯志《敌后武工队》二五章三：“他以为汪霞的啜泣是心眼活动了，忙笑脸迎上来凑近汪霞，下流地说：‘我捉摸你也不是一条道走到黑的人，特别是跟我！’”魏巍《东方》三部二章：“这耿长锁，你别看他绵绵软软的，他是一条道走到黑。”

“吃人不吐骨头”和“一条道走到黑”都是描绘人的性格特征：“吃人不吐骨头”，形容人极其贪婪、凶残。“一条道走到黑”，指一条道路，不管走通走不通，都要走到底，形容人非常固执，也形容意志坚定。

**恨铁不成钢** 〔例〕《红楼梦》九六回："只为宝玉不上进，所以时常恨他，也不过是恨铁不成钢的意思。"周立波《山乡巨变》上一八："不过这种爱，有时候是从恨的形式表现的，这是恨铁不成钢的恨，不是仇恨。"雪克《战斗的青春》三章二："你呀！你把我看成什么人了，我对你还不是恨铁不成钢啊！"

**要吃羊肉，又怕膻气** 曹禺《北京人》三幕："我这个人顶喜欢痛痛快快的，心里想要什么，嘴里就说什么。我可不爱要吃羊肉又怕膻气的男人。"周而复《上海的早晨》四部六五："明摆着的事体，还想抵赖？真是又想吃羊肉，又怕挨一身臊。"

"恨铁不成钢"和"要吃羊肉又怕膻气"都是形象地描绘人的心理活动："恨铁不成钢"，描绘恨人不能尽快成才的心情；"要吃羊肉又怕膻气"，描绘人想得到好处又怕惹上麻烦，想达到某种目的，又有所顾忌的复杂心情。

**骑在老虎背上** 〔例〕张恨水《丹凤街》二四章："事情做到了现在，我们是骑在老虎背上，不干也得干。"路遥《平凡的世界》五三章："说心里话，他对这事也没有什么把握。但现在已经骑到了老虎背上，也不好轻易下来。"

**喊天天不应，呼地地无门** 〔例〕《活地狱》四二回："却说鲁老大受了几次刑法之后，本来有点年纪，又加着心中十分愤懑冤屈，正是喊天天不应，呼地地无门，又晓得胡图丹是不容他置辩，早已存了一个但求速死的主意。"孙犁《风云初记》三二："当时的农民，叫天天不应，叫地地不灵，才坚决的走上抗日的道路，并且建立了政治信仰。"刘绍棠《青藤巷插曲》九："'呼天……天不应，唤地地不灵，我只有还回老本行了！'小芥吸溜着鼻子，眼泪一对一对儿淌下来。”

“骑在老虎背上”和“喊天天不应，呼地地无门”，都是形象地描绘人的境遇：“骑在老虎背上”，指明知危险，却又下不来，形容处境很尴尬，陷入进退两难境地；“喊天天不应，呼地地无门”，形容身陷绝境，求助无门。

**放长线钓大鱼** 〔例〕柳杞《长城烟尘》一一：“我们是放长线钓大鱼，我们是关好了前门和后门，才动手打狼的呵！”罗广斌等《红岩》六章：“放长线钓大鱼办法虽好，但来不及了，南京方面催得很紧。”

**只许州官放火，不许百姓点灯** 〔例〕《红楼梦》七七回：“可是你‘只许州官放火，不许百姓点灯’。我们偶然说一句略妨碍些的话，就说是不利之谈；你如今好好的咒他，是该的了！”张恨水《金粉世家》五六回：“你听听他的。刚才还说，不过不相干的旧年，现在他自己倒说出大年三十夜，不许抬杠起来。这岂不是只许州官放火，不许百姓点灯吗？”周而复《上海的早晨》四部三一：“只许州官放火，不许百姓点灯。我们年纪大的人，应该让年青人开玩笑吗？”

“放长线钓大鱼”和“只许州官放火，不许百姓点灯”，都是形象地描绘人的动作行为：“放长线钓大鱼”，指把钓竿上的线放得长一些，以便能钓到大鱼，比喻从长计议，以便收到大的成效；“只许州官放火，不许百姓点灯”，指官吏可以胡作非为，百姓的正当言行却受到无理限制，也泛指只许自己做某事，不许别人有正当的权利。（宋·陆游《老学庵笔记》卷五记载：宋代有个州官叫田登，忌讳人说“登”及“登”的同音字，谁犯了忌讳就要受到惩处。元宵节灯会时，按惯例要放灯三天，官吏不敢写“灯”，贴出告示说：“本州依例放火三日”。百姓由此传开“只许州官放火，不许百姓点灯”的话。）

（2）嘲讽性

有的惯用语常用来讥讽某种现象，具有嘲讽性。如：

**老鼠眼看天** 〔例〕冯德英《迎春花》一〇章：“淑娴听到这话心像针扎了一下，脸孔通红，横目瞪了任保媳妇一眼：‘你别老鼠眼看天，把人家都看作和你一般大！’”

**赔本赚吆喝** 〔例〕孙犁《风云初记》八一：“老蒋想：这真是赔本赚吆喝的买卖，只是为了‘交情’，他不好反驳。”刘绍棠《烟村四五家》五：“采购科长的独生女儿玩够了三角恋爱的游戏，想巴结个高干子女，几回都赔本赚吆喝，眼睛向下相中了豆芽儿。”

**换汤不换药** 〔例〕邹韬奋《萍踪忆语》九：“‘工作救济’这名词多么好听！一分析其实在的内容，却又是那么一回事。这倒合于中国俗语所谓‘换汤不换药’！”金庸《笑傲江湖》三二：“这个掌门人嘛，也得破旧立新，换一个新人。桃实仙道：‘正是。倘若仍由左冷禅当掌门，那是换汤不换药，没半分新气象，然则五派又何必合并？’”

**占着茅坑不拉屎** 〔例〕张恩忠等《司马光传》一二章：“时间一长，他对这两位从来未交往过的大臣也就有了很深的成见，更怨恨庞籍老而不死，占着茅坑不拉屎。”刘绍棠《水边人的哀乐故事》二九：“那娘儿们更是占着茅坑不拉屎，应该一纸文书休了她。”

**丈母心疼，去灸女婿的腿** 〔例〕《续金瓶梅》三八回：“到了上得讲堂，说两句禅宗的语录，度世的口头禅，你参我应，打两个冷哈哈，好似隔靴挠痒，丈母心疼，去灸那女婿的腿。”陈立君《共享美丽》：“一码是一码，冤有头，债有主。不能‘葫芦僧乱判葫芦案’，‘丈母娘牙疼，灸女婿脚跟’。”

“老鼠眼看天”，讥讽人用狭隘、短浅的目光看待别人。“赔本赚吆喝”，讥讽人做生意赔了本，只落得空吆喝一场。常指人受累，却落得一场空。“换汤不换药”，本指中医汤药一剂常多次煎服，每次只换煎药的水，不换药材。讥讽人只变换外表或形式，内容实质没有变化。“占着茅坑不拉屎”，讥讽人占着某个位置却不做应该做的事情。“丈母心疼，去灸女婿的腿”，讥讽人黑白不分，是非颠倒，嫁祸于人；也讥讽人抓不住要害，摸不着门径。

（3）谐谑性

有的惯用语带有玩笑或戏弄意味，具有谐谑性。如：

**打屁股** 〔例〕鲁迅《致萧军》：“不便当的是这回不能托书店，因为万一发现，会累得店主人打屁股，所以只好小心些。”梁斌《烽烟图》二八：“据我所知，你们那里有良好的工作基础，良好的群众条件！最后，问你们要工作！一定要干好！干不好要打屁股！”

**进鬼门关** 〔例〕马忆湘《朝阳花》二二章六：“正盘腿坐在火边煮‘饭’的柳莹猛的一下跳起，扑到我的身边高兴地抱住了我：‘小兰，我真怕你会进鬼门关哩！’”曹禺《蜕变》一幕：“范兴奎：马主任，梁专员到，院长请您马上到前面去陪。马登科：妈的，今天简直是过鬼门关。”

**抓不住头发揪耳朵** 〔例〕张恩忠《龙岗战火》八章：“窦飞很严肃地说：‘损失再大也不能胡萝卜记在蜡烛账上，抓不住头发揪耳朵。'"张迎忠《太极拳的搭手》:"手、肘、肩三节不断变化粘贴对方,如胶似漆。也正如俗话所说:'抓不住头发揪耳朵。'"

**俏眉眼做给瞎子看** 〔例〕金庸《鹿鼎记》四八回:"心想这是《左传》中的话,只可惜罗刹乃戎狄之邦,未必能懂得中华上国的经传,其中双关之意,更不必解,俏眉眼做给瞎子看,难免有'明珠暗投'之叹了。"高阳《慈禧全传》六五:"如果遇着这样不通的主司,纵有经天纬地的识见,雕龙绣凤的文采,亦只是'俏眉眼做给瞎子看'。"王良荣《营造一个其乐融融的作文氛围》:"几天才能折腾完一个回合,说不定学生拿到手,瞄上几眼就塞进了抽屉,可怜老师一番俏眉眼,不幸做给瞎子看!"

**屎憋到屁股门,才来解裤带** 〔例〕姚雪垠《长夜》一五:"既然决心出去蹚,该早点告我一声;现在屎憋到屁股门,你才来解裤带,叫你'二蛋'真不亏你!"吴组缃《山洪》:"对于二哥,'屎到屁股门里才拉裤子'的满不在乎的脾气,他也毫没有生怨。"

**前面乌龟爬泥路,后面乌龟照样爬** 〔例〕秦牧《关于"狱中忏悔录"》:"某丙的经验之谈,对于某丁也往往不起作用。唯其如此,世间'前面乌龟爬泥路,后面乌龟照样爬'的事情才会那么多。"周立波《山乡巨变》上一七:"'我们家凭三媒六证,用聘礼,拿花轿把你抬来的,你说一声离,就能离吗?''雨生哥家里,不是离了吗?前头乌龟爬上路,后背乌龟趁路爬,有什么不能?'"柯蓝《浏河十八湾》二章九:"吴书记越听越觉得,朱十五老倌对这个年轻队长的思想,影响不小啊!真是前头乌龟走,后头乌龟照路爬。"

“打屁股”,用来指对人进行批评或惩罚。“进鬼门关”,指人死亡(鬼门关:迷信指阳间通往阴间的关口,处于阴阳两界的交界处)。“抓不住头发揪耳朵”,比喻胡抓乱来,也比喻这个办法不行,就用另一个办法。“俏眉眼做给瞎子看”,比喻说话做事不看对象,没有针对性;也比喻一番苦心,用于不理解的人。“屎憋到屁股门,才来解裤带”,比喻事到临头,才急着想方设法应付。“前面乌龟爬泥路,后面乌龟照样爬”,比喻前边的人开了头,后面的人模仿着做。这些惯用语都含谐谑意。

(4) 贬义性

前面说过,惯用语的感情色彩具有“贬义型”、“褒义型”、“中性型”三种类型。其中贬义型是最为常见的。侧重揭示消极阴暗面是惯用语的一个重要修辞特色。如:

**摆鸿门宴** 〔例〕刘绍棠《十步香草》二七:“这一桌饭茶摆在青藤绿蔓的葡萄架下,看着就叫人眼馋。‘桂子同志,这……这……’郓兰渚只怕摆的是鸿门宴,忐忑不安,不敢就座。”峻青《海啸》三章:“他认为这是申天锡摆下的鸿门宴,有意对他进行谋杀。”

**吃了砒霜药老虎** 〔例〕叶圣陶《抗争》三:“会不会弄成吃了砒霜药老虎,是我们应该考虑的。”茅盾《少年印刷工》一六:“学了本领总是自己的;本领应得上紧学,老板的待遇不公平也应当抗议;终不成‘吃了砒霜药老虎’就算得计?”

**一朵鲜花插在牛粪上** 杨沫《青春之歌》一部一二章:“小林真是个诚实、有头脑的好孩子,可是咱们必须替她扔掉那块绊脚石。一朵鲜花插在牛粪上,真把她糟蹋啦。”刘绍棠《野婚》一八:“儿呀,我知道傻货配不上你,你嫁给他好比一朵鲜花插在牛粪上。”

**又做巫婆又做鬼**　〔例〕赵树理《小二黑结婚》一：“金旺、兴旺弟兄两个，给一支溃兵作了内线工作，引路绑票，讲价赎人，又做巫婆又做鬼，两头出面装好人。”刘彦林《春风得意》二章：“你又当巫婆又做鬼，一会儿唱红脸，一会儿唱白脸，收瘟的是你，放瘟的也是你，横竖都是你的好。”

**煽阴风，点鬼火**　〔例〕周而复《上海的早晨》四部五二：“他的狗腿子苏沛霖，听他的使唤，在镇里煽阴风，点鬼火，散布谣言，到处破坏。”刘绍棠《水边人的哀乐故事》三：“宋大吭哧不甘寂寞，躲在炕角落扇阴风，点鬼火，掩着嘴儿吃吃笑。”

**又要马儿好，又要马儿不吃草**　〔例〕夏衍《考验》二幕：“天晓得，这批硅钢片，本来就是次货，铁耗怎么能不大？又要马儿好，又要马儿不吃草。”杜鹏程《在和平的日子里》二章二：“世界上，没有比说话更容易的事了！又要赶工期，又要质量好，这就是又要马儿好，又要马儿不吃草。”

“摆鸿门宴”，指搞阴谋诡计，用举办宴会来加害于人。（《史记·项羽本纪》记载：公元前 206 年刘邦占领秦国都城咸阳后，派兵把守函谷关。不久项羽率四十万大军攻入，进驻鸿门，准备攻打刘邦。经项羽的叔父项伯调解，刘邦亲自到鸿门会见项羽。项羽在鸿门设宴招待刘邦。宴会上，项羽的谋士范增命项庄舞剑，想乘机刺杀刘邦，项伯也拔剑起舞，常以身掩护刘邦。这时刘邦手下的将领樊哙带武器闯入，刘邦在樊哙等人护卫下，使得脱险。后人以“鸿门宴”指藏有杀机的宴会。）“吃了砒霜药老虎”，指一种得不偿失的愚蠢行为，对方未受损害，自己却先遭殃。“一朵鲜花插在牛粪上”，比喻美好的女子，嫁给不相配的男子。“又做巫婆又做鬼”，指既做巫婆去捉鬼，又装鬼怪吓唬人，比喻耍两面手法，当面装好人，背后做坏事。“煽阴风，点鬼火”，比喻鼓动别人做坏事。（阴风：从阴暗处刮来的风。鬼火：磷火的俗称，人或动物尸体腐烂分解出磷化氢，能自动燃烧，冒出火焰。夜间在枯骨很多的野地里，有时出现白色带蓝绿色的火焰，就是磷火。）“又要马儿好，又要马儿不吃草”，比喻既要人好，或事情办得好，却又不愿提供相应条件或付出相应代价。这些都是贬义性的惯用语。